Die Eucharistie
unsere Heiligung

Raniero Cantalamessa

Die Eucharistie unsere Heiligung

Aus dem Italienischen
von Gabriele Stein

Adamas Verlag

Zweite Auflage

Originaltitel: L'Eucaristia nostra santificazione

Paulistraße 22, D-50933 Köln
www.AdamasVerlag.de

Umschlaggestaltung: Ignaz Brosa
Gesamtherstellung: Clausen & Bosse, Leck
Printed in Germany 2002
ISBN 3 925746 74 9

Inhalt

ERSTES KAPITEL

»Als unser Paschalamm ist Christus geopfert worden«

Die Eucharistie in der Heilsgeschichte

In dieser ersten Meditation möchte ich das Geheimnis des Abendmahls in die Gesamtheit der Heilsgeschichte einordnen. Gott hat sich den Menschen im Zusammenhang einer Geschichte offenbart, die nach ihrem Gegenstand und nach ihrem Ziel als die »Heilsgeschichte« bezeichnet wird. Innerhalb der sichtbaren und nachweisbaren Geschichte der Welt spielt sich also noch eine andere Geschichte ab, die, anders als die Geschichte der Menschheit, nicht Kriege, Friedensschlüsse oder Erfindungen des Menschen zum Leitfaden hat, sondern die »Erfindungen« Gottes, die *mirabilia Dei*, das wunderbare und heilbringende Eingreifen Gottes. Jedes nach außen (*ad extra*) gerichtete Wirken Gottes, von der Schöpfung angefangen bis hin zur Parusie, ist Teil dieser Geschichte. Mit dem Kommen Jesu in der Inkarnation gewinnt sie eine neue Qualität, wie ein Fluß, der an eine Schleuse gelangt und sie auf einem höheren Niveau wieder verläßt. Alle von Jesus im Laufe seines Lebens vollbrachten Taten sind Teil der Heilsgeschichte: auch sein Schweigen und das alltägliche Leben in Nazaret gehören zur Geschichte! Seine Zeit ist »die Mitte der Zeiten« und »die Fülle der Zeiten«. Doch auch nach ihm ist die Heilsgeschichte noch nicht zu Ende, und auch wir sind ein Teil von ihr. Das Leben jedes einzelnen Gläubigen, von der Taufe bis zum Tod, ist eine Heilsgeschichte im Kleinen; es ist der Mikrokosmos des Heils, wohingegen jene andere Geschichte, die mit der Schöpfung beginnt und mit der Parusie endet, sein Makrokosmos ist. Und mit der endgültigen Ankunft Christi wird diese lange Geschichte wiederum ein höheres Niveau erreichen: dieses Mal wird sie von der Geschichte zu dem gelangen, was über der Geschichte ist, von der Zeit zur Ewigkeit, von der Hoffnung zum Besitz und vom Glauben zur Herrlichkeit.

Wir leben also in der Fülle der Zeiten, die mit der Inkarnation angebrochen ist, in einem Bereich, der zwischen dem »schon« und dem »noch nicht« angesiedelt ist. Wenn wir uns die Heilsgeschichte als eine lange Linie vorstellen, die durch die Zeit hindurch verläuft, dann können wir das, was »schon« eingetreten ist, als fortlaufende Linie darstellen, die bis zum gegenwärtigen Zeitpunkt reicht, und das, was »noch nicht« geschehen ist, das, auf dessen Verwirklichung wir noch warten, als eine gestrichelte Linie, die jeden Augenblick unterbrochen werden kann, da ja der Herr schon in dieser Nacht zurückkehren könnte.

Und nun fragen wir uns: welchen Platz nimmt die Eucharistie in dieser Heilsgeschichte ein? An welchen Punkt auf der Linie können wir sie stellen? Die Antwort lautet: es ist kein einzelner Punkt, den sie einnimmt, es ist die ganze Linie! Die Eucharistie dehnt sich mit der Heilsgeschichte gemeinsam aus:

die gesamte Heilsgeschichte ist in der Eucharistie gegenwärtig, und die Eucharistie ist gegenwärtig in der gesamten Heilsgeschichte. So, wie man an einem heiteren Morgen in einem Tautropfen an einer Hecke den Widerschein der gesamten Himmelswölbung sieht, so spiegelt sich in der Eucharistie der gesamte Bogen der Heilsgeschichte.

Die Eucharistie ist jedoch auf dreierlei Weise in den drei verschiedenen Phasen oder Zeiten gegenwärtig, die wir in der Heilsgeschichte unterschieden haben: sie ist im Alten Testament gegenwärtig als *Bild*, sie ist im Neuen Testament gegenwärtig als *Ereignis*, und sie ist in der Zeit der Kirche, in der wir leben, gegenwärtig als *Sakrament*. Im Bild wird das Ereignis vorweggenommen und vorbereitet, im Sakrament wird es »verlängert« und aktualisiert.

1. Die Bilder der Eucharistie

Ich habe gesagt, daß die Eucharistie im Alten Testament »im Bild« gegenwärtig ist. Das ganze Alte Testament war eine Vorbereitung des Herrenmahls. *Ein Mann veranstaltete ein großes Festmahl*: »Wer ist dieser Mann«, ruft der heilige Augustinus aus, »wenn nicht Christus Jesus, der Mittler zwischen Gott und den Menschen? *Als das Fest beginnen sollte, schickte er seinen Diener und ließ den Gästen, die er eingeladen hatte, sagen: Kommt, es steht alles bereit!* (Lk 14,16f.): wer sind die geladenen Gäste, wenn nicht diejenigen, die durch die Propheten gerufen worden sind? Stets, vom Beginn ihrer Sendung an, haben die Propheten zum Mahl Christi geladen. Sie wurden zum Volk Israel gesandt; oft wurden sie gesandt, oft luden sie ein, damit sie zur rechten Zeit zum Gastmahl kämen«[1].

Diese Erwartung der Stunde des Mahles wurde außer durch die Worte der Propheten auch durch Bilder oder »Vorformen« wachgehalten, das heißt durch bestimmte Zeichen oder Riten, die eine sichtbare Vorbereitung und gleichsam den »Entwurf« des Mahles Christi darstellten.

Eines dieser Bilder, auf das Jesus selbst hinweist, war das Manna (vgl. Ex 16,4ff.; Joh 6,31ff.). Ein anderes war das Opfer des Melchisedek, der Brot und Wein darbrachte (vgl. Gen 14,18; Ps 110,4; Hebr 7,1ff.). Noch ein anderes das Opfer Isaaks. In der Sequenz *Lauda Sion Salvatorem*, die der heilige Thomas von Aquin für das Fronleichnamsfest verfaßt hat, singen wir: »Lang im Bild war's vorbereitet: Isaak, der zum Opfer schreitet; Osterlamm, zum Mahl bereitet; Manna nach der Väter Sinn«. Unter all diesen Bildern der Eucharistie aber ist eines, das mehr ist als nur ein Bild; es ist die Vorbereitung und praktisch die Vorgeschichte: das Pascha! Von ihm hat die Eucharistie den Namen, ihre äußere Form als Tischgemeinschaft oder Paschamahl; in bezug auf das Pascha wird Jesus das »Lamm Gottes« genannt. Schon in der Nacht des Auszugs aus Ägypten blickte Gott auf die Eucharistie, schon damals dachte er an das wahre Lamm, das er uns schenken wollte: *Wenn ich das Blut sehe, spricht Gott, werde ich an euch vorübergehen* (Ex 12,13), das heißt, ich werde euch »Pascha halten« lassen, ich werde euch verschonen und euch retten.

An diesem Punkt fragten sich die Kirchenväter, was der Herr an den Häusern der Israeliten so Kostbares gesehen habe, daß er an ihnen vorüberging und seinem Engel gebot, sie nicht heimzusuchen, und sie gaben zur Antwort: er sah das Blut Christi, er sah die Eucharistie! In einem der frühesten Ostertexte der Kirche lesen wir die Worte: »O neues und unaussprechliches Geheimnis! Die Opferung des Lammes wurde zum Heil für Israel, der Tod des Lammes wurde zum Leben des Volkes, und das Blut schreckte den Engel ab (vgl. Ex 12,23). Antworte mir, o Engel: was war es, das dir Schrecken bereitete? Die Tötung des Lammes oder das Leben des Herrn? Der Tod des Lammes oder das Leben des Herrn? Das Blut des Lammes oder der Geist des Herrn? Es ist klar, was dich erschreckt hat: du hast gesehen, wie sich das Geheimnis des Herrn im Lamm erfüllte, das Leben des Herrn in der Opferung des Lammes, das Bild des Herrn im Tod des Lammes, und deshalb hast du Israel nicht heimgesucht«[2]. »Welche Kraft wird erst die *Wirklichkeit* haben (also das christliche Pascha), wenn ihr bloßes *Bild* schon Ursache des Heils gewesen ist?«[3] Aufgrund dieser Wirkungskraft, die sie als Bilder der Eucharistie besaßen, kann der heilige Thomas von Aquin die Riten des Alten Bundes als »die Sakramente des alten Gesetzes« bezeichnen.[4]

Zur Zeit Jesu vollzog sich die Feier des jüdischen Pascha in zwei Abschnitten: der erste bestand in der Opferung des Lammes, die am Nachmittag des 14. Nisan im Tempel von Jerusalem stattfand; der zweite Abschnitt bestand im Verzehr des Opfers beim Paschamahl, das in jeder einzelnen Familie in der

Nacht nach dem 14. Nisan gehalten wurde. Im Verlaufe der Liturgie des abendlichen Mahles erklärte der Familienvater, der zu diesem besonderen Anlaß mit der Würde eines Priesters ausgestattet war, die Bedeutung der Riten und gab seinen Kindern eine Zusammenfassung der wunderbaren Geschichte Gottes mit seinem Volk. Zur Zeit Jesu war das Paschafest zum »Gedenktag« geworden, nicht nur zur Erinnerung an den Auszug aus Ägypten, sondern auch an alle anderen Eingriffe Gottes in die Geschichte Israels: das Pascha war der Gedenktag und die Jahresfeier der vier wichtigsten Nächte der Welt: der Schöpfungsnacht, als das Licht in der Finsternis aufstrahlte, der Nacht der Opferung Isaaks durch Abraham, der Nacht des Auszugs aus Ägypten und der noch in der Zukunft liegenden Nacht der Ankunft des Messias.[5]

Das jüdische Pascha war also ein *Gedenktag* (wie es in Ex 12,14 geschrieben steht), und ebenso war es ein Tag der *Erwartung*. Die Tragik war nur, daß, als der erwartete Messias kam, er nicht erkannt wurde, sondern »sie taten mit ihm, was sie wollten« und töteten ihn ausgerechnet während eines Paschafestes. Doch gerade indem sie ihn töteten, ließen sie das Bild Wirklichkeit werden, erfüllten sie die Erwartung, nämlich die Opferung des wahren Gotteslammes. Während es wie üblich in jenen Tagen in Jerusalem von Menschen wimmelte, die gekommen waren, um das Pascha zu feiern, wußte niemand von ihnen, daß im »Obergemach« eines Hauses der Stadt sich gerade das verwirklichte, was seit Jahrhunderten erwartet wurde. Als Jesus, nachdem er Brot genommen und Dank gesagt hatte, dieses brach, es seinen Jüngern gab und sagte: *Das ist mein Leib, der für euch hingegeben wird. Tut dies zu meinem Gedächtnis!* (Lk 22,19), mußte jenes Wort »Gedächtnis« wie ein unmittelbarer Hinweis auf das entsprechende Wort aus dem Buch Exodus wirken und den Eindruck einer Neu-Einsetzung des Paschafestes hervorrufen. Tatsächlich bleibt es der alte Gedenktag, doch sein Inhalt ist verändert – oder besser, er ist vollendet: von nun an wird das Pascha der Gedenktag eines anderen Opfers und eines anderen Vorübergangs sein. »Selig bist du, o letzte Nacht, weil sich in dir die Nacht von Ägypten erfüllt hat. Unser Herr aß in dir das kleine Pascha und wurde selbst das große Pascha; das Pascha ersetzte das Pascha, das Fest das Fest. Sieh das Pascha, das vergeht, und das Pascha, das nicht vergeht; sieh das Bild und seine Erfüllung«[6].

2. Die Eucharistie als Ereignis

Wir sind nunmehr in der Fülle der Zeiten: die Eucharistie ist jetzt nicht mehr als Bild gegenwärtig, sondern als Wirklichkeit. Damit ist der antike Sinngehalt des Paschafestes nicht hinfällig geworden oder in Vergessenheit geraten, aber ihn überlagert ein anderer, unendlich viel bedeutsamerer, der ihn »bewahrheitet« und ihn übertrifft. Die große Neuheit ist umfassend ausgedrückt in folgendem Ausruf des Apostels: *Als unser Paschalamm ist Christus geopfert worden!* (1 Kor 5,7). Und deshalb kann die Eucharistie bezeichnet werden als

»das alte und neue Geheimnis: alt in ihren Vorbildern, neu in ihrer Verwirklichung«[7].

Doch worin besteht nun eigentlich das Ereignis, das die Eucharistie einsetzt und das neue Pascha verwirklicht? Die Evangelien geben uns auf diese Frage zwei unterschiedliche Antworten, die einander jedoch ergänzen und es uns so ermöglichen, zu einer umfassenderen Sicht des Mysteriums zu gelangen – so, wie wenn man einen Gegenstand unter zwei verschiedenen Blickwinkeln betrachtet. Das jüdische Pascha beging man – wie wir gesehen haben – in zwei Abschnitten und an zwei verschiedenen Schauplätzen: das Opfer im Tempel und das Mahl in den Häusern. Der Evangelist Johannes richtet nun sein Augenmerk vor allem auf den Moment des Opfers; für ihn wird das christliche Pascha – und damit die Eucharistie – am Kreuz eingesetzt, in dem Augenblick, da Jesus, das wahre Lamm Gottes, geopfert wird. Er stellt in seinem Evangelium eine auffallende zeitliche Parallelität her: auf der einen Seite betont er immer wieder das Herannahen des jüdischen Paschafestes (»das Paschafest der Juden war nahe«, »sechs Tage vor dem Paschafest«, »es war vor dem Paschafest«, »Rüsttag«), auf der anderen Seite betont er für Jesus das Herannahen »seiner Stunde«, der Stunde seiner »Verherrlichung«, das heißt seines Todes. Es gibt also ein »zeitliches« Herannahen eines bestimmten Tages und einer bestimmten Stunde und ein »räumliches« Sich-Nähern auf Jerusalem zu, bis diese beiden Bewegungen zusammenlaufen und sich auf dem Kalvarienberg kreuzen, am Nachmittag des 14. Nisan, genau in dem Moment, da im Tempel die Opferung der Paschalämmer begann. Um dieses

Zusammentreffen noch deutlicher herauszustellen, hebt Johannes die Tatsache hervor, daß sie Jesus am Kreuz »die Beine nicht zerschlugen« (Joh 19,34), genauso, wie es für das Paschaopfer Vorschrift war (vgl. Ex 12,46). Es ist, als mache sich der Evangelist in diesem Augenblick die Worte des Täufers zu eigen, als weise er auf den gekreuzigten Jesus und verkünde der Welt feierlich: *Seht, das Lamm Gottes, das die Sünde der Welt hinwegnimmt!* (Joh 1,29).

Die anderen drei Evangelisten, die Synoptiker, richten ihr Augenmerk dagegen vor allem auf den Moment des Mahles. Beim Mahl, oder genauer, bei der Einsetzung der Eucharistie, vollzieht sich für sie der Übergang vom alten zum neuen Pascha. Die Vorbereitung des letzten Paschamahles, das Jesus vor seinem Tode feiern sollte, erhält bei ihnen besonderes Gewicht: *Wo ist der Raum, in dem ich mit meinen Jüngern das Paschalamm essen kann?* (Lk 22,11). Wir könnten sagen, daß das Abendmahl der Synoptiker das Pascha-Ereignis der Opferung Christi bereits vorwegnimmt und beinhaltet, so wie bei den Propheten die symbolische Handlung zuweilen das angekündigte Ereignis vorwegnimmt. Die symbolische Handlung oder das prophetische Zeichen – wie etwa das Zerbrechen des Kruges durch Jeremia (19,1ff.) oder der gebunden am Boden liegende Ezechiel (4,4ff.) – ist mehr als nur eine lehrreiche Veranschaulichung der mündlichen Ankündigung. »Das Zeichen war eine schöpferische Präfiguration des Kommenden, dem die Verwirklichung auf dem Fuße folgen mußte. Damit, daß der Prophet das Kommende zeichenhaft im Kleinen in die Geschichte stellt, wird die Verwirklichung des Kommenden in Lauf gesetzt, und so ist das prophetische Zeichen nichts anderes als eine erhöhte Form prophetischen Sprechens.«[8]

In diesem Sinne ist das Zeichen, das Jesus beim letzten Abendmahl ausführt, indem er das Brot bricht und die Eucharistie einsetzt, die höchste symbolische und prophetische Handlung der Heilsgeschichte; es reiht sich ein in die symbolischen Handlungen der Propheten, auch wenn es sie in dem Maße übertrifft, in dem das Wort Jesu über dem der Propheten steht und in dem seine Person göttlicher ist als die der Propheten. Daß Jesus die Eucharistie einsetzt, ist prophetische Ankündigung und sakramentale Vorwegnahme dessen, was wenig später geschehen wird – sein Tod und seine Auferstehung –, und somit bereits eine Verknüpfung der Zukunft mit der Geschichte. Die Botschaft Jesu kündet das Kommen des Reiches Gottes an; die Einsetzung der Eucharistie ist die prophetische Handlung, die das Eintreffen dieser Ankündigung vorwegnimmt, einer Ankündigung, die in Christi Tod und Auferstehung Wirklichkeit werden wird. Die Väter (insbesondere die syrischen Väter) empfanden diese Wirklichkeit der Handlung Christi so stark, daß sie die drei Tage des Todes Jesu nicht von dem Moment an zu zählen pflegten, da er am Kreuz starb, sondern von dem Moment an, da er »seinen Leib brach für seine Jünger«[9]. Folglich stellen die Synoptiker und Johannes uns ein und dasselbe grundlegende Ereignis vor: bei den Synoptikern ist es in der symbolischen und sakramentalen Handlung der Eucharistie vorweggenommen, und bei Johannes wird es am Kreuz ganz und endgültig offenbar.

Johannes betont den Augenblick des wirklichen Opfers (das Kreuz), während die Synoptiker den des mystischen Opfers hervorheben (das Abendmahl). Doch es handelt sich um dasselbe Ereignis, das unter zwei verschiedenen Blickwinkeln gesehen wird, und dieses Ereignis ist der Opfertod Christi. »Beim Abendmahl«, so schreibt der heilige Ephräm, »opferte Jesus sich selbst; am Kreuz wurde er von anderen geopfert«[10], und das sollte zeigen, daß niemand ihm das Leben nehmen konnte, ohne daß er selbst es aus freiem Willen hingab, er, der die Macht hatte, es hinzugeben und es wieder zu nehmen (vgl. Joh 10,18).

Das Ereignis, das die Eucharistie begründet oder einsetzt, ist also der Tod und die Auferstehung Christi, sein »sein Leben hingeben, um es wieder zu nehmen«. Wir nennen es »Ereignis«, weil es etwas ist, das sich geschichtlich ereignet hat, eine in Zeit und Raum einzigartige Begebenheit, die sich nur einmal (*semel*) zugetragen hat und unwiederholbar ist: *Christus ist am Ende der Zeiten ein einziges Mal erschienen, um durch sein Opfer die Sünde zu tilgen* (Hebr 9,26). Und doch handelt es sich nicht um nackte »Tatsachen«; diese Tatsachen haben einen Grund, ein »Warum«, das gleichsam die Seele dieser Tatsachen bildet, und das ist die Liebe. Die Eucharistie entsteht aus der Liebe; der eine Grund erklärt alles: weil er uns liebte; *weil Christus uns geliebt und sich für uns hingegeben hat als Gabe und Opfer, das Gott gefällt* (Eph 5,2). Besser kann man Ursprung und Wesen der Eucharistie nicht beschreiben. Sie erscheint uns als Werk und Geschenk der ganzen Dreifaltigkeit; die ganze Dreifaltigkeit ist an der Einsetzung der Eucharistie beteiligt: der Sohn ist es, der sich als Opfer darbringt, der Vater, dem er sich darbringt und der Heilige Geist, in dem er sich darbringt (vgl. Hebr 9,14).

Die ganze Dreifaltigkeit nimmt teil an dem Opfer, aus dem die Eucharistie entsteht, nicht Jesus allein. Das ermöglicht es uns, eine irrtümliche Vorstellung zu korrigieren, die wir uns vielleicht vom Vater gemacht haben. Eine bestimmte Richtung der modernen Kultur versucht in törichter und gotteslästerlicher Weise manche Vorurteile auf Gott-Vater zu übertragen, die die Psychoanalyse in bezug auf irdische Vaterfiguren in Umlauf gebracht hat. So stellt man sich einen Vater vor, der leidensunfähig hoch oben im Himmel thront, während sein Sohn am Kreuz stirbt, und der sogar bereit ist, dessen Blut als Opfer anzunehmen. Ein Vater, der nur nimmt und sich nicht hingibt, der das Blut des eigenen Sohnes als Preis für die Erlösung verlangt, könnte uns nur Entsetzen und Abscheu einflößen. Doch dies ist eine ganz und gar irrige Vorstellung. Der heilige Paulus sagt, daß der Vater *seinen eigenen Sohn nicht verschont, sondern ihn für uns alle hingegeben hat* (Röm 8,32). »Für uns alle«: darin liegt der Schlüssel, um alles zu begreifen. Wenn der Vater am Opfer des Sohnes Gefallen findet, dann deshalb, weil dieser ihm »alle versprengten Kinder« wieder zurückgebracht hat (vgl. Joh 11,52), weil er es ihm ermöglicht, das zu verwirklichen, was in höchstem Maße sein Wille ist – »daß alle Menschen gerettet werden« (vgl. 1 Tim 2,4). Der Vater liebt Jesus mit einer so unermeßlichen Liebe, weil dieser sich für seine Brüder geopfert hat; wohlgemerkt:

nicht einfach, weil er sich geopfert hat, sondern weil er sich für seine Brüder geopfert hat. Gott bleibt immer der Gott, der »Barmherzigkeit will, nicht Schlachtopfer« (vgl. Hos 6,6); wenn das Opfer seines Sohnes ihm wohlgefällig war, dann deshalb, weil es für ihn ein Weg war, der Welt seine *Barmherzigkeit* zu erweisen.

Der Vater ist also nicht nur derjenige, der das Opfer des Sohnes entgegennimmt, sondern auch derjenige, der seinen Sohn als Opfer hergibt; der das Opfer bringt, uns seinen Sohn dahinzugeben! Wenn Jesus – wie Paulus sagt – sich selbst »für uns« Gott geopfert hat, dann ist Gott zwar der Empfänger des Opfers, doch der Nutznießer ist nicht Gott, es ist der Mensch, es sind wir, und darin unterscheidet sich das christliche von jedem anderen Opfer.

Wir könnten noch lange über das Ereignis des Kreuzes sprechen, aus dem die Eucharistie hervorgegangen ist: niemals werden wir seinen Reichtum ausschöpfen. In diesem Ereignis, das, verglichen mit der Geschichte der Welt, so flüchtig und klein zu sein scheint, liegt eine so große Kraft, daß auf ihm das Heil der Geschichte und der Welt ruht. Man fühlt sich an die ungeheure Energie in einem Atom erinnert, das doch auch nur so klein ist. Auf jenen Augenblick bezogen, sagte Jesus einmal: *Ich bin gekommen, um Feuer auf die Erde zu werfen. Wie froh wäre ich, es würde schon brennen!* (Lk 12,49). Wahrhaftig, am Kreuz »ist alles vollbracht«: es gibt nichts Größeres, das erdacht oder getan werden könnte; alle göttlichen und menschlichen Möglichkeiten sind dort ausgeschöpft: alles Böse ist von

Grund auf besiegt, alles Heil erworben, alle Ehre der Dreifaltigkeit zuteil geworden.

3. Die Eucharistie als Sakrament

Nun wollen wir die Eucharistie in der dritten Epoche der Heilsgeschichte betrachten, der Zeit der Kirche, in der wir selbst leben. In dieser Zeit ist sie gegenwärtig als Sakrament, das heißt in den Zeichen von Brot und Wein, beim letzten Abendmahl von Jesus eingesetzt mit den Worten: *Tut dies zu meinem Gedächtnis.*

Es ist wichtig, daß wir den Unterschied zwischen dem bisher beschriebenen Ereignis und dem Sakrament genau begreifen, den Unterschied zwischen der Geschichte und der Liturgie. Dabei hilft uns der heilige Augustinus. Wir – so sagt der heilige Kirchenlehrer – wissen und glauben ganz fest daran, daß Christus ein einziges Mal für uns gestorben ist, er, der Gerechte, für uns, die Sünder, er, der Herr, für uns, die Knechte. Wir wissen mit Sicherheit, daß dies ein einziges Mal geschehen ist; und doch erneuert das Sakrament es immer wieder, so als ob sich mehrere Male wiederholen würde, was nach der Geschichte ein einmaliges Ereignis ist. Dennoch stehen Sakrament und Ereignis nicht zueinander in Widerspruch, so als ob das Sakrament trügerisch und nur das Ereignis wahr wäre. Tatsächlich erneuert (*renovat*) das Sakrament in den Herzen der Gläubigen viele Male die Feier dessen, was sich nach der Geschichte in der Wirklichkeit nur ein einziges Mal zugetragen hat. Die *Geschichte* enthüllt, was einmal geschehen ist und wie es geschehen ist, die *Liturgie* bewirkt, daß die Vergangenheit nicht in Vergessenheit gerät; nicht indem sie es von neuem geschehen läßt (*non faciendo*), sondern indem sie es zelebriert (*celebrando*).[11]

Die zwischen dem einmaligen Kreuzesopfer und der Messe bestehende Verbindung genauer zu definieren, ist ein recht heikles Unterfangen und schon seit jeher einer der strittigsten Punkte zwischen Katholiken und Protestanten. Wie wir gesehen haben, gebraucht Augustinus zwei Verben: *erneuern* und *zelebrieren,* die völlig zutreffend sind, unter der Voraussetzung jedoch, daß das eine im Lichte des anderen begriffen wird: die Messe erneuert das Ereignis des Kreuzes, indem sie es zelebriert (nicht wiederholt!), und sie zelebriert es, indem sie es erneuert (und nicht nur an es erinnert!). Das Wort, in dem sich heute die größte ökumenische Übereinstimmung erzielen läßt, ist vielleicht das (auch von Paul VI. in der Enzyklika »Mysterium fidei« verwandte) Verb *repräsentieren* (vergegenwärtigen), verstanden in seinem eigentlichen Sinn von re-präsentieren, das heißt von neuem präsent, gegenwärtig machen.[12]

Der Geschichte zufolge hat es also eine einzige Eucharistie gegeben, jene, die Jesus durch sein Leben und Sterben vollzogen hat; der Liturgie zufolge, das heißt dank dem von Jesus beim letzten Abendmahl eingesetzten Sakrament, gibt es dagegen die Eucharistie so viele Male, wie sie zelebriert wurde und zelebriert werden wird bis zum Ende der Welt. Das Ereignis ist ein einziges Mal vollzogen worden (*semel*), das Sakrament vollzieht sich »jedesmal« (*quotiescumque*).

Das Sakrament der Eucharistie macht uns auf geheimnisvolle Weise zu Zeitgenossen des Ereignisses; das Ereignis wird für uns und wir werden für das Ereignis gegenwärtig. In der Liturgie der Nacht des Paschafestes sagten die Israeliten zur Zeit Jesu: »In jeder Generation muß jeder sich selbst so betrachten, als sei er persönlich in jener Nacht aus Ägypten ausgezogen«.[13] Auf uns Christen bezogen würde dieser Text bedeuten, daß in jeder Generation ein jeder sich betrachten muß, als habe er an jenem Nachmittag persönlich unter dem Kreuz gestanden, gemeinsam mit Maria und Johannes. Ja, wir sind dabei gewesen; »wir alle sind dort geboren«. Wenn ich jenes Negro-Spiritual höre, in dem es heißt: »Warst du da, warst du da, beim Kreuz Jesu?«, dann gebe ich in meinem Herzen immer zur Antwort: Ja, auch ich war da beim Kreuz Jesu!

Doch im Sakrament der Eucharistie wird das Ereignis des Kreuzes nicht nur für uns gegenwärtig; das wäre zu wenig: es wird vor allem für den Vater gegenwärtig. Bei jedem »Brechen des Brotes«, wenn der Priester die Hostie zerteilt, ist es, als würde das Alabastergefäß der Menschheit Jesu wiederum zerbrochen, denn genau das ist ja am Kreuz geschehen, und als steige der Wohlgeruch seines Gehorsams empor, um das Herz des Vaters von neuem zu rühren. Wie damals, als Isaak den Duft der Kleider Jakobs roch, ihn segnete und sprach: *Ja, mein Sohn duftet wie das Feld, das der Herr gesegnet hat* (Gen 27,27).

Wenn wir uns fragen, wie es denn sein kann, daß das Ereignis des Kreuzes nicht beendet und in sich abgeschlossen ist wie jede andere historische Begebenheit, warum es auch heute noch aktuell ist, dann lautet die letzte Antwort: der Heilige Geist! In seiner Enzyklika über den Heiligen Geist greift Papst Leo XIII. ein Wort des heiligen Basilius auf und schreibt: »Christus hat jedes seiner Werke, und insbesondere sein Opfer, unter dem Beistand des Heiligen Geistes (*praesente Spiritu*) vollbracht«. In der Messe betet der Priester vor der Kommunion: »Herr Jesus Christus, Sohn des lebendigen Gottes, dem Willen des Vaters gehorsam, hast du *im Heiligen Geist* durch deinen Tod der Welt das Leben geschenkt...« Das alles basiert auf dem Wort der Schrift, in dem es heißt, daß Christus *sich selbst kraft ewigen Geistes Gott als makelloses Opfer dargebracht hat* (Hebr 9,14). Diese Worte lassen das Ereignis des Kreuzes in neuem Licht erstrahlen; es erscheint als ein »geistiges« Ereignis, insofern, als es im Heiligen Geist vollbracht worden ist. Der Heilige Geist, der die Liebe ist, war es, der tief in der menschlichen Seele Christi jenen Antrieb zur Selbsthingabe für uns an den Vater hervorbrachte, der ihn das Kreuz umarmen ließ.

Der Heilige Geist wird in dem zitierten Abschnitt als »ewiger« Geist bezeichnet: ewig bedeutet hier, daß er nicht wie die Opfer des Alten Testamentes dazu bestimmt ist aufzuhören, sondern daß er fortdauern wird bis ans Ende der Zeiten. Dank dem ewigen Geist hat Christus uns eine »ewige« Erlösung erworben (vgl. Hebr 9,12). Das Kreuzesopfer an sich endete in dem Augenblick, als Jesus das Haupt neigte und starb. Doch in ihm loderte gleichsam eine verborgene Flamme, die, einmal entzündet, nicht mehr ausgelöscht werden konnte, nicht einmal durch den Tod. Jesus von Nazaret als solcher bleibt nicht »für immer« bei uns, sondern kehrt zum Vater zurück; sein Geist jedoch bleibt bei uns »in Ewigkeit«. Das sagt Jesus selbst. Den Juden, die ihm entgegenhalten: *Wir haben aus dem Gesetz gehört, daß der Messias bis in Ewigkeit bleiben wird. Wie kannst du sagen, der Menschensohn müsse erhöht werden?* (Joh 12,34), antwortet Jesus wenig später indirekt, wenn er sagt: *Ich werde den Vater bitten, und er wird euch einen anderen Beistand geben, der für immer bei euch bleiben soll* (Joh 14,16). Christus bleibt in Ewigkeit, indem er den Jüngern seinen Geist gibt, der für immer bei ihnen bleibt.

So wird begreiflich, weshalb das Kreuzesopfer in einem gewissen Sinne noch immer andauert. Wie das gesamte Leben Jesu ist es abgeschlossen und nicht abgeschlossen, vorübergehend und bleibend: vorübergehend in der Dimension der Geschichte, bleibend in der Dimension des Geistes. Die Sakramente der Kirche – und das gilt in ganz besonderer Weise für die Eucharistie – sind durch den Geist Jesu, der in der Kirche lebt, möglich geworden. Aus dieser theologischen Grundlage ergibt sich die Bedeutung der Epiklese, das heißt der Anrufung des Heiligen Geistes in der Messe, bei der Konsekration der Opfergaben.

Am Kreuz neigte Jesus das Haupt und »gab seinen Geist auf«, das heißt, er »hauchte seinen Geist aus« (vgl. Joh 19,30); in jeder Messe ist es, als kehre jener letzte, niemals verloschene Atemzug Jesu zurück, um über uns dahinzuwehen, um die

Luft gleichsam zu verdrängen und die versammelte Gemeinde mit der Gegenwart Christi zu erfüllen. In gänzlich vergeistigter und unsichtbarer Weise erneuert sich so das Wunder, das auf das Gebet des Elija hin auf dem Berge Karmel geschah, als ein Feuer vom Himmel herniederfuhr, das Holz des Altars entzündete und so das Brandopfer verzehrte (vgl. 1 Kön 18,38).

Wenn auch wir – wie Christus am Kreuz – unsere Messe »in der Gemeinschaft des Heiligen Geistes« zelebrieren, dann wird er unseren Meßfeiern eine neue Sammlung und ein neues Licht verleihen. Und dann macht er uns wahrhaftig – wie wir es im Kanon der Messe erbitten – »auf ewig zu einem Opfer, das Gott wohlgefällt«.

ZWEITES KAPITEL

»Das ist mein Leib, der für euch hingegeben wird«

Die Eucharistie bildet die Kirche durch Konsekration

In der vergangenen Meditation haben wir die Eucharistie in der Heilsgeschichte betrachtet, wo sie nacheinander als Bild, als Ereignis und als Sakrament gegenwärtig ist. Jetzt und in den Meditationen, die noch folgen werden, wollen wir unsere ganze Aufmerksamkeit dem eucharistischen Sakrament zuwenden, das heißt der Eucharistie, wie sie uns heute in der Kirche begegnet. In dieser neuen Sichtweise erscheint die Eucharistie uns nicht mehr in der Mitte einer Linie (der Linie, die sich vom Exodus bis zur Parusie erstreckt), sondern eher in der Mitte eines Kreises. Dieser Kreis steht für die Kirche, wie sie heute ist, ganz konkret. Wir können uns vor unserem geistigen Auge sogar drei konzentrische Kreise vorstellen: einen größeren für das gesamte Universum, in ihm einen kleineren, die Kirche, und schließlich innerhalb dieses zweiten Kreises einen noch kleineren (auch wenn er in Wirklichkeit das ganze Universum in sich einschließt), die Hostie. Die Eucharistie erscheint uns als der Mittelpunkt und die Sonne nicht nur der Kirche, sondern auch der übrigen Menschheit und des ganzen, auch des unbelebten Universums. Der Unterschied ist allein der: die Kirche hat Jesus Christus als ihren Mittelpunkt und *weiß* es; das Universum hat Jesus Christus als seinen Mittelpunkt und *weiß es nicht*!

Die Beziehung zwischen der Eucharistie und der Kirche, über die wir nun nachdenken wollen, ist jedoch keine statische, sondern eine dynamische und fruchtbringende Beziehung. Es genügt deshalb nicht zu sagen, daß die Eucharistie im Mittelpunkt der Kirche *steht*, man muß sagen: die Eucharistie *bildet* die Kirche! Indem sie in ihrer Mitte steht, baut sie die Kirche auf, sie webt sie um sich herum wie ein Gewand. Insbesondere von zwei Sakramenten sagt man, daß sie die Kirche »bilden«: von der Taufe und von der Eucharistie. Doch während die Taufe die Kirche gewissermaßen räumlich und zahlenmäßig größer werden, sich also quantitativ entwickeln läßt, bewirkt die Eucharistie ein Zunehmen an Intensität, ein qualitatives Wachstum, weil sie sie immer tiefgreifender umwandelt zum Ebenbild ihres Hauptes Christus. Das Himmelreich gleicht dem Sauerteig, den eine Frau unter einen großen Trog Mehl mischt (vgl. Mt 13,33). Auch die Eucharistie gleicht dem Sauerteig; Jesus hat sie in die große Menge Mehl gesetzt, die seine Kirche ist, damit sie sie »erhebe« und ganz fermentiere, damit sie aus ihr ein Brot mache, wie er es ist! Wenn die Kirche der Sauerteig der Welt ist, dann ist die Eucharistie der Sauerteig der Kirche.

Auf verschiedene Arten und zu unterschiedlichen Zeitpunkten »bildet« die Eucharistie die Kirche, das heißt wandelt sie die Kirche um in Christus: durch

Konsekration, durch Kommunion, durch Kontemplation und durch Imitation. Wir wollen nun über die erste dieser Arten oder den ersten dieser Zeitpunkte nachdenken: die Eucharistie bildet die Kirche durch Konsekration.

1. »Er brach das Brot«

Im Römerbrief lesen wir die folgenden Worte des Apostels: *Angesichts des Erbarmens Gottes ermahne ich euch, meine Brüder, euren Leib als lebendiges und heiliges Opfer darzubringen, das Gott gefällt; das ist für euch der wahre und angemessene Gottesdienst* (Röm 12,1). Diese Worte aber rufen uns unweigerlich die Worte Jesu beim letzten Abendmahl ins Gedächtnis: »Nehmt und eßt: das ist mein Leib, der für euch hingegeben wird«. Wenn der heilige Paulus uns also ermahnt, unseren Leib als Opfer darzubringen, dann will er damit sagen: Tut auch ihr, was Christus Jesus getan hat, werdet auch ihr zur Eucharistie für Gott! Er hat sich Gott als wohlriechendes Opfer dargebracht; bringt auch ihr euch Gott dar als lebendiges und wohlgefälliges Opfer!

Doch nicht nur der Apostel Paulus, auch Jesus selbst fordert uns dazu auf. Denn als er den Aposteln nach der Einsetzung der Eucharistie den gab: *Tut dies zu meinem Gedächtnis* (Lk 22,19), meinte er nicht nur: Vollzieht dieselben Gesten, die ich vollzogen habe, wiederholt den Ritus genauso, wie ich ihn ausgeführt habe; sondern er wollte damit auch sagen: Tut dem Wesen nach das, was ich getan habe; bringt auch ihr euren Leib zum Opfer dar, wie ihr es mich habt tun sehen! *Ich habe euch ein Beispiel gegeben, damit auch ihr so handelt, wie ich an euch gehandelt habe* (Joh 13,15). Ja, es ist sogar noch etwas weitaus Eindringlicheres und Beklemmenderes in jenem Auftrag Jesu. Wir sind »sein« Leib, wir sind »seine« Glieder (vgl. 1 Kor 12,12ff.); deshalb ist es so, als ob Jesus sagen würde: Laßt zu, daß ich dem Vater meinen eigenen Leib, der ihr seid, darbringen kann; hindert mich nicht daran, mich selbst dem Vater darzubringen; ich kann mich dem Vater nicht restlos darbringen, solange ein einziges Glied meines Leibes es ablehnt, sich mit mir gemeinsam darzubringen. Ergänzt also, was an meinem Opfer noch fehlt; laßt meine Freude vollkommen sein!

Wir sehen also nun den Moment der eucharistischen Konsekration mit anderen Augen, denn wir wissen, daß – wie der heilige Augustinus sagte – »es auch unser Geheimnis ist, das auf dem Altar begangen wird«[1]. Ich sagte, daß wir, um Eucharistie wahrhaftig zu feiern, das »tun« müssen, was auch Jesus getan hat. Was aber hat Jesus in jener Nacht getan? Zunächst einmal hat er eine Geste vollführt: er brach das Brot; diese Geste wird in allen Berichten von der Einsetzung hervorgehoben, so daß die Eucharistie schon früh den Namen »Brechen des Brotes« (*fractio panis*) erhielt. Doch vielleicht haben wir die Bedeutung dieser Geste noch nicht ganz begriffen. Warum hat Jesus das Brot gebrochen? Nur, um jedem ein Stück davon geben zu können, also im Hinblick auf die Jünger? Nein.

Diese Geste war vor allem Ausdruck völliger Hingabe, etwas, das sich zwischen Jesus und dem Vater abspielte; sie bedeutete nicht nur Teilen, sondern auch Opferung. Das Brot ist er selbst; indem er das Brot brach, »zerbrach« Jesus sich selbst, im Sinne, wie Jesaja vom Gottesknecht gesagt hatte: er ist wegen unserer Sünden zermalmt (*attritus*), »zerbrochen« worden (vgl. Jes 53,5). Ein menschliches Geschöpf – doch zugleich auch der ewige Sohn Gottes – zerbricht sich selbst vor dem Angesicht Gottes, das heißt »ist gehorsam bis zum Tod«, um die durch die Sünde verletzten Rechte Gottes wiederherzustellen, um klarzustellen, daß Gott Gott ist und nichts anderes. Es ist unmöglich in Worte zu fassen, was beim Brechen des Brotes im Innern Jesu vorgeht. Uns erscheint es als eine harte und grausame Handlung, und es ist doch im Gegenteil die höchste Bekundung von Liebe und Zärtlichkeit, die je auf der Erde vollzogen wurde, bzw. vollzogen werden könnte. Wenn ich bei der Konsekration die zerbrechliche Hostie in den Händen halte und die Worte wiederhole: »brach das Brot…«, dann glaube ich etwas zu ahnen von den Empfindungen, die Jesus in jenem Moment in seinem Herzen hegte: wie er seinen menschlichen Willen ganz dem des Vaters unterstellte, wie er jeden Widerstand in sich niederkämpfte, wie er im Geiste die bekannten Worte der Schrift wiederholte: Du hast kein Gefallen an Brand- und Sündopfern, doch einen Leib hast du mir geschaffen; hier bin ich und bringe dir diesen Leib dar, den du mir gegeben hast: ich komme, um deinen Willen, Gott, zu tun (vgl. Hebr 10,5-9). Die Speise, die Jesus seinen Jüngern reicht, ist das

Brot seines Gehorsams und seiner Liebe zum Vater.

Und dann begreife ich: um dasselbe zu »tun«, was Jesus in jener Nacht getan hat, muß ich vor allem mich selbst »zerbrechen«, ich muß vor Gott all meine Unbeugsamkeit ablegen, jegliche Auflehnung gegen ihn oder die Brüder, ich muß meinen Stolz brechen, mich beugen und aus tiefstem Herzen »Ja« sagen zu allem, was Gott von mir erwartet; auch ich muß jene Worte wiederholen: Hier bin ich, Gott, ich komme, um deinen Willen zu tun! Du willst nicht viele Dinge von mir; du willst mich, und ich sage dir »Ja«. Eucharistie sein, wie Jesus Eucharistie ist – das bedeutet, sich ganz dem Willen des Vaters zu überlassen.

2. »Nehmt und eßt alle davon…«

Jesus hat, als er das Brot gebrochen hatte und begann, es an seine Jünger zu verteilen, auch einige Worte dazu gesagt; er sprach: *Nehmt und eßt; das ist mein Leib, der für euch hingegeben wird* (Mt 26,26; Lk 22,19). An dieser Stelle möchte ich ein wenig von mir selber erzählen: wie mir bewußt geworden ist, daß wir uns neben der Geste des Brotbrechens auch diese Worte zu eigen machen müssen; wie mir also bewußt geworden ist, welche Tragweite die eucharistische Konsekration für die ganze Kirche und für jeden einzelnen von uns besitzt.

Bis vor einigen Jahren habe ich den Augenblick der Konsekration in der heiligen Messe so erlebt: ich schloß die Augen, senkte den Kopf, versuchte, mich von allem zu lösen, was mich umgab, und mich ganz in Jesus hineinzuversetzen, als er, im Abendmahlssaal, vor seinem Sterben, zum ersten Mal jene Worte aussprach: *Nehmt, eßt...* Dieses Verhalten wurde von der Liturgie selbst begünstigt, die vorsah, daß man die Konsekrationsworte halblaut in Latein sprach, über die Gestalten von Brot und Wein gebeugt. Doch dann begriff ich eines Tages, daß dieses Verhalten allein meine Teilnahme an der Konsekration noch nicht in ihrer ganzen Bedeutung zum Ausdruck brachte. Jenen Jesus aus dem Abendmahlssaal gibt es nicht mehr! Es gibt nur mehr den auferstandenen Jesus: den Jesus, um es genau zu sagen, der tot war, doch nun in alle Ewigkeit lebt (vgl. Offb 1,18). Aber dieser Jesus ist der »ganze Christus«, Haupt und Leib untrennbar miteinander verbunden. Wenn also dieser ganze Christus die Konsekrationsworte ausspricht, dann spreche auch ich sie gemeinsam mit ihm. Verborgen in dem großen »Ich« des Hauptes ist das kleine »ich« des Leibes, das heißt der Kirche. Und auch mein winziges »ich« ist darin enthalten, und es sagt zu den Anwesenden: »Nehmt, eßt; das ist mein Leib, der für euch hingegeben wird!« Was für ein Geheimnis! In der erhabensten und heiligsten Tat der Geschichte hat Jesus mich mit sich vereint: in der einzigen Tat, die wahrhaft »Gottes würdig« ist, würdig seiner Heiligkeit und seiner Majestät. Staune, o Himmel, jauchze, o Erde, freut euch, ihr Engel, erzittert, ihr Dämonen: Gott hat das Ziel erreicht, auf das hin er das Universum geschaffen hat; sein Plan und sein Wunsch sind verwirklicht; nichts, auch nicht die Sünde, hat dies verhindern können:

in einer spontanen Regung der Liebe hat die Kreatur sich ihm zurückgegeben; sie hat zum Opfer gebracht, was sie von Gott als Geschenk erhalten hatte.

Seit dem Tag, an dem ich dies begriffen habe, schließe ich bei der Konsekration nicht mehr die Augen, sondern sehe die Brüder vor mir an oder denke, wenn ich allein zelebriere, an diejenigen, denen ich an diesem Tag begegnen und denen ich meine Zeit widmen werde, oder ich denke sogar an die ganze Kirche und wende mich an sie mit den Worten Jesu: Nehmt, eßt: das ist mein Leib.

Später nahmen mir dann einige Worte des heiligen Augustinus auch die letzten Zweifel an dieser von mir erahnten Wahrheit und machten mir deutlich, daß sie – wenn auch mittlerweile ein wenig in Vergessenheit geraten – zur »gesündesten« Lehre innerhalb der Tradition gehört. »Die ganze erlöste Stadt, das heißt die versammelte Gemeinschaft der Heiligen«, so schreibt Augustinus, »wird Gott als ein allumfassendes Opfer dargebracht durch die Mittlerschaft des erhabenen Hohenpriesters, der sich in seinem Leiden selbst für uns hingab in der Gestalt eines Knechtes, damit wir der Leib eines so erhabenen Hauptes seien. Die Kirche feiert dieses Geheimnis im Sakrament des Altares, das den Gläubigen wohlbekannt ist; darin wird gezeigt, daß in dem, was sie opfert, sie selbst es ist, die geopfert wird (*in ea re, quam offert, ipsa offertur*)«[2].

Somit ist die Kirche in der Eucharistie Opfernde und Geopferte zugleich, und dies in jedem ihrer Glieder. Diese beiden Rollen lassen sich nicht voneinander trennen und aufteilen, so als ob die

Amtskirche (der Priester) die Opfernde wäre und der Rest der Kirche (die Laien) das Opfer. Jedes Glied der Kirche ist gleichzeitig Priester und Opfer, natürlich unter Beibehaltung des Unterschiedes zwischen Amtspriestertum und universalem Priestertum aller Getauften. Denn Jesus, mit dem wir uns vereinen, ist »unvermischt, aber auch ungeteilt« Priester und Opfer zugleich: »Für uns ist er Priester und Opfergabe vor dem Vater: Priester gerade deshalb, weil Opfergabe (*ideo sacerdos, quia sacrificium*)«[3]. Dies ist das einzigartige, unwiederholbare Merkmal des Opfers Christi, das herrührt aus dem Geheimnis der hypostatischen Union von Menschheit und Gottheit in der Einheit seiner Person. Daraus folgt, daß auf der realen Ebene – der einzigen, die für die persönliche Heiligung von Bedeutung ist (nicht jedoch auf der ministerialen Ebene, also hinsichtlich des Priesteramtes) – ein Bischof und ein Priester in dem Maße am Priestertum Christi teilhat, wie er sich auch an dessen Opfer beteiligt; je vollkommener einer zusammen mit Christus dem Vater *sich opfert*, um so realer *opfert* er Christus dem Vater. Am Altar handelt der Priester in Stellvertretung Christi, des Hohenpriesters, aber auch in Stellvertretung (»in persona«) Christi, des höchsten Opfers.

Der heilige Gregor von Nazianz schreibt: »Wenn ich weiß, daß niemand der Größe Gottes, des Opfers und des Priesters würdig ist, falls er nicht zuvor sich selbst als lebendiges und heiliges Opfer dargebracht hat, falls er nicht erschienen ist als geistige und wohlgefällige Gabe (vgl. Röm 12,1) und falls er Gott nicht ein Opfer des Lobes und einen reuevollen Geist dargeboten hat – das einzige Opfer, dessen Darbringung der Urheber jeglicher Gabe fordert –, wie kann ich es wagen, ihm die äußere Opfergabe auf dem Altar darzubringen, jene, die die Darstellung der großen Mysterien ist?«[4] Die Opferung des Leibes Christi muß mit der Opferung des eigenen Leibes einhergehen.

Somit ist also an dieser Sichtweise der eucharistischen Konsekration alles klar und eindeutig. Der Leib Christi ist zweifach auf dem Altar gegenwärtig: da ist zum einen sein *wirklicher* Leib (»geboren von der Jungfrau Maria«, auferstanden und in den Himmel aufgefahren), und da ist zum andern sein *mystischer* Leib, die Kirche. Nun also: sein realer Leib ist auf dem Altar *real* gegenwärtig, sein mystischer Leib ist *mystisch* gegenwärtig, und »mystisch« bedeutet hier: kraft seiner unteilbaren Einheit mit dem Haupt. Es gibt keine Vermischung der beiden sehr unterschiedlichen Gegenwarten, doch auch keine Trennung. Ein Opfer, in dem wir und die Kirche, nicht aber Jesus hingegeben würde, wäre nichtig; es wäre weder heilig, noch Gott wohlgefällig, denn wir sind nur sündige Geschöpfe. Doch ein Opfer, in dem Jesus hingegeben würde ohne die Kirche, die sein Leib ist, wäre nicht ausreichend (das heißt natürlich, daß es für die passive Erlösung, also um das Heil zu erlangen, nicht ausreichend wäre, wohl aber für die aktive Erlösung, also um das Heil zu erwirken), so wahr die Kirche mit dem heiligen Paulus sagen kann: ich ergänze in meinem irdischen Leben, was an den Leiden Christi noch fehlt (vgl. Kol 1,24).

Da es also auf dem Altar zwei »Opfer« und zwei »Gaben« gibt – die eine, die zu Christi Leib und

Blut werden soll (Brot und Wein), und die andere, die zum mystischen Leib Christi werden soll –, gibt es in der Messe auch zwei »Epiklesen«, das heißt zwei Anrufungen des Heiligen Geistes. In der ersten heißt es: »Darum bitten wir dich: Sende deinen Geist auf diese Gaben herab und heilige sie, damit sie uns werden Leib und Blut deines Sohnes, unseres Herrn Jesus Christus«; und in der zweiten, deren Worte nach der Konsekration gesprochen werden: »...und erfülle uns mit seinem Heiligen Geist, damit wir ein Leib und ein Geist werden in Christus. Er (der Geist) mache uns auf immer zu einer Gabe, die dir wohlgefällt«. Nun wissen wir, wie die Eucharistie die Kirche bildet: Die Eucharistie bildet die Kirche, indem sie die Kirche zu einer Eucharistie umgestaltet. Die Eucharistie ist nicht nur im allgemeinen Sinne Quelle oder Ursprung für die Heiligkeit der Kirche; sie ist auch ihre »Gestalt«, das heißt ihr Modell. Die Heiligkeit des Christen muß sich nach der »Gestalt« der Eucharistie verwirklichen; sie muß eine eucharistische Heiligkeit sein. Der Christ kann sich nicht darauf beschränken, die Eucharistie zu feiern, er muß mit Jesus Eucharistie sein.

3. »Das ist mein Leib, das ist mein Blut«

Nun können wir aus dieser Lehre die praktischen Konsequenzen für unser alltägliches Leben ziehen. Wenn auch wir bei der Konsekration zu unseren Brüdern sagen: »Nehmt, eßt: das ist mein Leib;

nehmt, trinkt: das ist mein Blut«, dann müssen wir wissen, was »Leib« und »Blut« bedeuten, um zu begreifen,was wir opfern.

Was wollte Jesus uns zum Geschenk machen, als er beim letzten Abendmahl sprach: »Das ist mein *Leib*«? In der Bibel bezeichnet das Wort »Leib« kein Element, keinen Teil des Menschen, der gemeinsam mit den anderen Elementen, Seele und Geist, den ganzen Menschen bildet. So denken wir als Erben der griechischen Kultur, die sich den Menschen in drei Ebenen vorstellt (Trichotomie). In der Sprache der Bibel und damit in der Sprache Jesu und des Apostels Paulus bezeichnet »Leib« den ganzen Menschen, insoweit er sein Leben in einem Leib lebt, in einer körperlichen und sterblichen Bedingtheit. Johannes gebraucht in seinem Evangelium das Wort »Fleisch« anstelle von »Leib« (»Wenn ihr das Fleisch des Menschensohnes nicht eßt…«), und es besteht kein Zweifel, daß dieses Wort, das wir im sechsten Kapitel des Evangeliums finden, dort dieselbe Bedeutung hat wie im ersten Kapitel, wo es heißt, daß »das Wort *Fleisch* geworden«, das heißt Mensch geworden ist. »Leib« meint somit das ganze Leben. Jesus hat uns, als er die Eucharistie einsetzte, sein ganzes Leben als Geschenk hinterlassen, vom ersten Moment der Inkarnation bis zum letzten Augenblick, mit allem, was dieses Leben ganz konkret erfüllt hatte: Schweigen, Plagen, Mühen, Gebet, Kämpfe, Demütigungen…

Und dann sagt Jesus auch: Das ist mein *Blut*. Was kann denn das Wort »Blut« noch hinzufügen, wenn er uns in seinem Leib bereits sein ganzes Leben geschenkt hat? Den Tod fügt es noch hinzu! Nachdem er uns das Leben geschenkt hat, gibt er uns auch dessen kostbarsten Teil, seinen Tod. Der Begriff »Blut« nämlich bezeichnet in der Bibel nicht einen Teil des Leibes, also einen Teil eines Teiles des Menschen; vielmehr bezeichnet er ein Ereignis: den Tod. Wenn das Blut der Sitz des Lebens ist (so stellte man es sich damals vor), dann ist das »Vergießen« von Blut ein bildhaftes Zeichen für den Tod. *Da er die Seinen, die in der Welt waren, liebte*, so schreibt Johannes, *erwies er ihnen seine Liebe bis zur Vollendung* (Joh 13,1). Die Eucharistie ist das Mysterium vom Leib und vom Blut des Herrn, das heißt von des Herrn Leben und Tod!

Doch nun zu uns: was opfern wir, wenn wir gemeinsam mit Jesus in der Messe unseren Leib und unser Blut darbringen? Auch wir opfern, was Jesus opferte: das Leben und den Tod. Mit dem Wort »Leib« geben wir ganz konkret all das, woraus unser Leben besteht, das wir in diesem Leibe führen: Zeit, Gesundheit, Tatkraft, Fähigkeiten, Zuneigung, vielleicht auch nur ein Lächeln, das einzig der in einem Körper lebende Geist hervorzubringen vermag und das etwas so Kostbares sein kann. Mit dem Wort »Blut« bringen auch wir das Opfer unseres Todes zum Ausdruck; doch nicht zwangsläufig den endgültigen Tod, das Martyrium für Christus oder für die Brüder. Tod ist all das, was in uns schon jetzt den Tod vorbereitet oder vorwegnimmt: Demütigungen, Mißerfolge, Krankheiten, die uns lähmen, Einschränkungen aufgrund des Alters oder des Gesundheitszustandes, alles, was etwas in uns »abtötet«. Wenn der heilige Paulus uns, wie wir gehört haben, ermahnt, angesichts des Erbarmens Gottes

»unseren Leib« als Opfer darzubringen, dann meint er mit dem Wort »Leib« nicht nur unsere Sinne und unsere fleischlichen Begierden, sondern unser ganzes Selbst, Leib und Seele, ja, vor allem unsere Seele, unseren Willen, unsere Verstandeskraft. Denn er fährt fort mit den Worten: *Gleicht euch nicht dieser Welt an, sondern wandelt euch und erneuert euer Denken, damit ihr prüfen und erkennen könnt, was der Wille Gottes ist: was ihm gefällt, was gut und vollkommen ist* (Röm 12,2).

All dies erfordert aber, daß wir uns, sobald wir aus der Messe kommen, an die Verwirklichung dessen geben, was wir gesagt haben; daß wir uns, bei allen Grenzen, an die wir stoßen werden, dennoch ehrlich bemühen, den Brüdern unseren »Leib« zu opfern, das heißt unsere Zeit, unsere Energie, unsere Aufmerksamkeit – in einem Wort: unser Leben. Jesus ließ, nachdem er jene Worte gesprochen hatte: »Nehmt… das ist mein Leib; nehmt… das ist mein Blut«, nicht viel Zeit verstreichen, ehe er sein Versprechen einlöste: nur wenige Stunden später hat er sein Leben und sein Blut am Kreuz hingegeben. Sonst bliebe alles nur leeres Gerede, ja Lüge. Wenn wir also zu unseren Brüdern gesagt haben: »Nehmt, eßt«, dann müssen wir uns auch wirklich »essen« lassen, und zwar vor allem von denjenigen, die dies eben nicht mit dem Zartgefühl und der Liebenswürdigkeit tun, die wir uns eigentlich wünschen würden. Jesus hat gesagt: wenn ihr nur die liebt, die auch euch lieben; wenn ihr nur die grüßt, die euren Gruß erwidern; wenn ihr nur die einladet, die euch wiederum einladen – worin liegt dann euer Verdienst? Das tun alle. Auf dem Weg nach Rom, wo er den Märtyrertod erleiden sollte, schrieb der heilige Ignatius von Antiochien: »Ich bin ein Weizenkorn Christi: möge ich doch zermahlen werden von den Zähnen der wilden Tiere, um zu reinem Brot zu werden für den Herrn«[5]. Jeder von uns wird, wenn er sich genau umsieht, feststellen, daß auch er von solchen scharfen Zähnen wilder Tiere zermalmt wird: es sind Kritiken, Gegensätze, Widerspruch in versteckter oder offener Form, Meinungsverschiedenheiten mit der Umgebung, Unterschiede in den Charakteren. Wir müßten jenen Brüdern sogar dankbar sein, die uns auf diese Weise behilflich sind; sie bringen uns unendlich viel weiter als diejenigen, die uns immer nur schmeicheln und in allem zustimmen. In einem anderen Brief schrieb der heilige Märtyrer Ignatius: »Wer mich lobt, geißelt mich«[6].

Versuchen wir uns vorzustellen, was geschähe, wenn wir mit dieser persönlichen Anteilnahme die Messe zelebrieren würden, wenn wir im Augenblick der Konsekration wirklich alle sagen würden – je nach dem Dienst eines jeden, einer laut, einer schweigend –: Nehmt, eßt. Eine Mutter feiert so ihre Messe, dann geht sie nach Hause und beginnt ihren Tagesablauf, der aus tausend kleinen Dingen besteht. Ihr Leben ist buchstäblich zerbröckelt; doch das, was sie tut, ist deshalb nicht wertlos: es ist Eucharistie in Gemeinschaft mit Jesus! Eine Ordensschwester erlebt so ihre Messe, dann geht auch sie zu ihrer alltäglichen Arbeit: Kinder, Kranke, alte Leute. Auch ihr Leben kann wie zu Staub zerrieben erscheinen zwischen tausenderlei Dingen, die, wenn der Abend kommt, keine Spuren hinterlassen; ein verlorener Tag. In Wirklichkeit ist es Eucharistie; sie hat das eigene Leben »gerettet«! Ein Priester, ein Pfarrer und, in besonderem Maße, ein Bischof zelebriert so seine Messe, dann geht er: er betet, er predigt, er hört Beichte, empfängt Leute, besucht Kranke, hört zu; auch sein Tag ist Eucharistie. Wie Jesus beim Brechen des Brotes ein und derselbe bleibt, so ist auch ein in dieser Weise verbrachtes Leben einheitlich, nicht zerteilt, und es wird eben dadurch zu einer Einheit, daß es Eucharistie ist. Auch er bleibt ganz im Bruchteil, er bleibt eine Einheit, indem er sich aufteilt, indem er sich hingibt. Ein großer geistlicher Lehrmeister, Pierre Olivaint S.J., hat einmal gesagt: »Morgens in der Messe bin ich der Priester, und Jesus ist das Opfer; tagsüber ist Jesus der Priester und ich bin das Opfer«. Auf diese Weise ahmt ein Priester den »guten Hirten« nach, weil er wahrhaftig sein Leben hingibt für seine Schafe.

Doch wir dürfen nicht vergessen, daß wir auch unser Blut aufgeopfert haben, das heißt unsere Mißerfolge und unsere Demütigungen. Sie sind der bessere Teil, den Gott selbst für die Bedürftigsten in der Kirche vorgesehen hat. Gerade dann, wenn wir nicht mehr gehen und tun können, was wir wollen, haben wir die Gelegenheit, Christus, der großen Hostie, ähnlicher zu werden. Nach Ostern sprach Jesus zu Petrus: *Als du noch jung warst, hast du dich selbst gegürtet und konntest gehen, wohin du wolltest. Wenn du aber alt geworden bist, wirst du deine Hände ausstrecken, und ein anderer wird dich gürten und dich führen, wohin du nicht willst. Das sagte Jesus, um anzudeuten, durch welchen Tod er*

Gott verherrlichen würde (Joh 21,18). Kurz zuvor hatte Jesus dreimal die Worte an Petrus gerichtet: »Weide meine Schafe«, doch nun gibt er ihm zu verstehen, daß er Gott noch mehr durch sein Sterben verherrlichen wird.

Dank der Eucharistie gibt es kein Leben mehr auf der Welt, das »nutzlos« wäre; keiner muß mehr die Frage stellen: »Wozu ist mein Leben gut? Weshalb bin ich auf der Welt?« Du bist auf der Welt um des höchsten Zieles willen, das es geben kann: um ein lebendiges Opfer zu sein, eine Eucharistie in Gemeinschaft mit Jesus.

4. »Komm zum Vater!«

Das Geheimnis besteht darin, sich vollständig hinzugeben, freiwillig nichts für sich zurückzubehalten. Jesus war am Kreuz ganz Opfergabe. Keine Faser seines Leibes, keine Regung seiner Seele, die nicht dem Vater dargebracht gewesen wäre; alles befand sich auf dem Altar. Alles, was man für sich behält, ist verloren, denn man besitzt nur das, was man verschenkt. Der heilige Franz von Assisi, der uns in seiner erhabenen und glühenden eucharistischen Frömmigkeit ein besonderer Lehrmeister ist, schließt einen wunderbaren Abschnitt über die heilige Messe mit folgender Ermahnung: »Seht, Brüder, die Demut Gottes, und schüttet vor ihm eure Herzen aus! Demütigt auch ihr euch, damit ihr von ihm erhöht werdet! Behaltet darum nichts von euch für euch zurück, damit euch als Ganze aufnehme, der sich euch ganz hingibt!«[7] Der Verfasser der *Nachfolge Christi* läßt Jesus sagen: »Sieh, für dich habe ich mich ganz dem Vater dargebracht und habe meinen Leib und mein Blut ganz zur Speise gegeben, damit ich ganz dein und du ganz mein bist auf ewig. Doch wenn du dir selbst gehören willst und dich nicht rückhaltlos meinem Willen hingibst, dann ist es kein vollgültiges Opfer, und es gibt keine vollkommene Einheit zwischen uns«[8]. Was man für sich behält, um Gott gegenüber einen Freiraum zu bewahren, vergiftet alles übrige. Es ist jener dünne Seidenfaden, von dem der heilige Johannes vom Kreuz spricht, der den Vogel am Fliegen hindert.

Deshalb wollen wir mit dem Verfasser der *Nachfolge Christi* auf das Opfer Christi mit dem Opfer unseres ganzen Selbst antworten und mit den Worten, die er uns vorgibt: »Herr, alles im Himmel und auf Erden ist dein. Ich will dir mich selbst opfern in freiwilliger Hingabe und für immer dein bleiben. Herr, in aller Einfachheit des Herzens opfere ich mich dir heute als ewiger Diener, in Ehrfurcht und im Opfer immerwährenden Lobes. Nimm mich an in Vereinigung mit dem heiligen Opfer deines kostbaren Leibes, das ich dir heute darbringe im Angesicht der unsichtbar gegenwärtigen Engel, auf daß es mir und dem ganzen christlichen Volk zum Heile gereiche.«[9]

Doch wer gibt uns die Kraft, uns selbst in dieser kompromißlosen Weise zum Opfer zu bringen, uns gewissermaßen in die eigenen Hände zu nehmen und zu Gott emporzuheben? Die Antwort lautet: der Heilige Geist! Christus, so heißt es in der Schrift, brachte sich selbst »kraft ewigen Geistes« dem

Vater zum Opfer dar (Hebr 9,14). Der Heilige Geist ist der Ursprung jeder Form der Selbsthingabe. Er ist die »Gabe«, oder besser, das »Sich-Geben«: innerhalb der Dreifaltigkeit ist er das Sich-Geben des Vaters an den Sohn und des Sohnes an den Vater; in der Geschichte ist er das Sich-Geben Gottes an uns, und jetzt unsere Selbsthingabe an Gott. Er war es, der im Herzen des menschgewordenen Wortes jenen »Ansporn« schuf, der es dazu drängte, sich für uns dem Vater hinzugeben. Und deshalb ist er es auch, an den die Liturgie in der Messe die Bitte richtet, »uns auf immer zu einer Gabe zu machen, die Gott wohlgefällt«[10].

Weiter oben habe ich einen Satz des heiligen Märtyrers Ignatius von Antiochien zitiert. In seinem Brief an die Römer finden wir noch einen weiteren Satz, den wir bedenken sollten. Um die Christen in Rom davon zu überzeugen, nichts zu unternehmen, um sein Martyrium zu verhindern, vertraut er ihnen ein Geheimnis an: »In mir ist ein lebendiges Wasser, das mir zumurmelt: Komm zum Vater!« Es ist die unverwechselbare Stimme des Geistes Jesu, der zum Vater gegangen ist und nun auch seinem Jünger zurufen kann: Komm, opfere dich mit mir!

DRITTES KAPITEL

»Wer mich ißt, wird durch mich leben«

Die Eucharistie bildet die Kirche durch Kommunion

Ein atheistischer Philosoph hat einmal gesagt: »Der Mensch ist, was er ißt«, womit er zum Ausdruck bringen wollte, daß es im Menschen keinen qualitativen Unterschied gebe zwischen Materie und Geist, sondern sich alles in ihm auf die organische und materielle Komponente zurückführen lasse. Doch wieder einmal hat hier ein Atheist, ohne sich dessen bewußt zu sein, die beste Formulierung für ein christliches Geheimnis geliefert. Dank der Eucharistie ist der Christ wahrhaftig, was er ißt! Vor langer Zeit schon schrieb Leo der Große: »Unsere Teilhabe an Christi Leib und Blut dient allein dazu, uns zu dem werden zu lassen, was wir essen«[1].

Doch hören wir, was Jesus selbst dazu sagt: *Wie mich der lebendige Vater gesandt hat und wie ich durch den Vater lebe, so wird jeder, der mich ißt, durch mich leben* (Joh 6,57). Die griechische Präposition (*dia*), die mit »durch« übersetzt ist, bezeichnet in diesem Satz zwei Dinge oder zwei Richtungen: Herkunft und Bestimmung. Dies bedeutet, daß derjenige, der den Leib Christi ißt, »von ihm« lebt, das heißt kraft des von ihm ausgehenden Lebens, und daß er zugleich auch »auf ihn hin« lebt, das heißt zu seiner Ehre, auf seine Liebe, sein Reich hin. Wie Jesus vom Vater und für den Vater lebt, so leben auch wir, die wir teilhaben am heiligen Geheimnis seines Leibes und Blutes, von Jesus und auf Jesus hin ausgerichtet.

Die Kirchenväter haben dieses Geheimnis am Beispiel der physischen Ernährung anschaulich gemacht. Das schwächere Lebensprinzip wird dem stärkeren angeglichen – so haben sie gesagt – und nicht umgekehrt. Das Pflanzliche assimiliert das Mineralische, das Tierische das Pflanzliche, der Geist die Materie. Jesus sagt zu dem, der ihn empfängt: »Nicht du wirst mich in dich verwandeln, sondern ich werde dich mir angleichen«[2]. Die Speise, die in sich nicht lebendig ist, kann uns kein Leben geben, sondern ist nur insofern als Ursache des Lebens zu betrachten, als sie das bereits in unserem Körper bestehende Leben erhält. Das Brot des Lebens dagegen ist selbst lebendig, und wer es empfängt, lebt wahrhaftig aus ihm. Während sich also die körperliche Nahrung in den umwandelt, der sie zu sich genommen hat, und somit Brot und Fisch und jede andere Speise zu menschlichem Blut werden, geschieht hier genau das Gegenteil. Das Brot des Lebens verändert den, der sich von ihm nährt, nimmt ihn in sich auf und wandelt ihn in sich um. Wir sind es, die von Christus bewegt werden und von dem ihm innewohnenden Leben leben, weil er zugleich Haupt und Herz des ganzen Leibes ist. Er nährt nicht das Leben, das in uns ist, wie die irdischen Speisen es tun, sondern er gießt uns das Leben ein, das er selbst in sich trägt, und genau dies will er uns begreiflich machen, wenn er sich selbst als das »lebendige Brot« bezeichnet und hinzufügt: *Wer von mir ißt, wird durch mich leben.*[3] Wenn wir sagen, daß Jesus uns sich »angleicht«, dann bedeutet dies konkret, daß er unsere Gefühle, unsere Art zu denken und unsere Wünsche angleicht, das heißt, sie den seinen gleich macht; kurz, er läßt uns »so gesinnt sein, wie es dem Leben in Christus Jesus entspricht« (vgl. Phil 2,5).

Jesus tut dies alles »in seiner Funktion als Herz« des mystischen Leibes. Was bewirkt nämlich das Herz im menschlichen Organismus? Ihm fließt aus jedem Teil des Körpers das »schlechte« Blut zu, dessen lebenspendende Inhaltsstoffe verbraucht sind und das mit sämtlichen giftigen Rückständen des Organismus belastet ist. In der Lunge wird dieses Blut durch die Zufuhr von Sauerstoff gleichsam verbrannt und, regeneriert und mit Nährstoffen angereichert, vom Herzen selbst in unermüdlichem Kreislauf wieder an alle Glieder weitergegeben. Christus, das Herz der Kirche, bewirkt dasselbe auf geistiger Ebene in der Eucharistie. Ihm fließt in jeder Messe das schlechte Blut der ganzen Welt zu. Auf ihn werfe ich in der Kommunion all meine Sündhaftigkeit und Unreinheit, damit er sie zunichte mache, und er gibt mir reines Blut, sein Blut, das Blut des unbefleckten Lammes voll Leben und Heiligkeit, die »Arznei der Unsterblichkeit«[4]. Erst wenn man diese Erfahrung gemacht hat, kann man die Worte der Schrift begreifen, die da lauten: *das Blut Christi wird unser Gewissen von toten Werken reinigen* (Hebr 9,14) und: *das Blut seines Sohnes Jesus reinigt uns von aller Sünde* (1 Joh 1,7). Die Eucharistie ist wirklich »das Herz« der Kirche, und zwar in weit realerer Weise, als wir gemeinhin glauben.

1. Kommunion – Teilhabe an Christi Leib und Blut

Doch mit wem und womit genau treten wir in der Eucharistie in Gemeinschaft? Der heilige Paulus schreibt: *Ist der Kelch des Segens, über den wir den Segen sprechen, nicht Teilhabe am Blut Christi? Ist das Brot, das wir brechen, nicht Teilhabe am Leib Christi?* (1 Kor 10,16).

Gewöhnlich interpretieren wir diese Worte dahingehend, daß wir an der gesamten Wirklichkeit Christi teilhaben, und zwar über die verschiedenen Elemente, aus denen sie gebildet ist: Leib, Blut, Seele und Gottheit. Darin jedoch sind wir von der Sichtweise der griechischen Philosophen beeinflußt, die den Menschen als ein Wesen in drei Stufen aufgefaßt haben: Körper, Seele und Geist. Die Beziehung von Person zu Person, von Lebendigem zu Lebendigem, von Ganzheit zu Ganzheit, die sich in der Kommunion einfach und unmittelbar vollzieht, wird dagegen nicht hinreichend bedacht. In der Sprache der Bibel (ich habe dies bereits erwähnt, möchte es aber nochmals betonen) haben die Begriffe Leib und Blut eine konkrete und historische Bedeutung; sie bezeichnen das ganze Leben Christi, oder besser: sein Leben und seinen Tod. Der Leib steht nicht so sehr für eine metaphysische Komponente des Menschen als vielmehr für einen Lebensumstand, nämlich das im Leib gelebte Leben; er bezeichnet – wie übrigens auch der im Johannesevangelium verwendete Begriff »Fleisch« – den ganzen Menschen. In der Eucharistie meint Leib den zum Knecht gewordenen, von Leidensfähigkeit, Armut und Kreuz gezeichneten Christus; den »fleisch-gewordenen« Christus, der mitten unter uns gearbeitet, sich abgemüht, gelitten und gebetet hat.

Dasselbe gilt für das Wort Blut. Es bezeichnet nicht einen Teil eines Teils des Menschen (das Blut ist Teil des Leibes!), sondern eine konkrete Realität, ja ein konkretes Ereignis: es bezeichnet den Tod. Nicht irgendeinen Tod, sondern den gewaltsamen Tod und in der Terminologie der Bundesopfer den Sühnetod (vgl. Ex 24,8).

Daraus ergibt sich eine wichtige Folgerung: mit dem Empfang der Kommunion können wir jeden Augenblick und jede Erfahrung im Leben Jesu von neuem erleben und mit ihm teilen, denn in Leib und Blut wird uns sein ganzes Leben geschenkt und gegenwärtig. Der heilige Paulus hat das Geheimnis des Kreuzes einmal so zusammengefaßt: »er entäußerte sich« (vgl. Phil 2,7). Von diesem Satz könnte unsere Messe gänzlich erfüllt und erleuchtet sein, vor allem, wenn wir sie zu einem Zeitpunkt zelebrieren oder besuchen, da uns ein Unrecht widerfahren ist, gegen das sich alles in uns aufbäumt, oder dann, wenn es uns schwerfällt zu gehorchen. Jesus – so können wir sagen – entäußerte sich, und auch ich will mich entäußern, indem ich mir selbst und meinen »Rechten« sterbe! Das ist wahre »Kommunion« mit Christus.

Und so können wir uns je nach unserer inneren Verfassung oder den Erfordernissen des Augenblicks Seite an Seite stellen mit dem betenden Jesus, mit dem Jesus, der in Versuchung geführt wird, mit dem erschöpften Jesus, mit dem sterbenden Jesus am Kreuz oder mit dem Jesus, der aufersteht. Und all dies nicht, weil wir es uns in unserer Phantasie so vorstellen, sondern weil jener Jesus noch immer da ist und lebt, wenn auch nicht mehr im Fleisch, so doch im Geist.

2. Wer sich an den Herrn bindet, ist ein Geist mit ihm

In den berühmten mystagogischen Katechesen, die dem heiligen Cyrill von Jerusalem zugeschrieben werden, lesen wir: »In der Gestalt des Brotes wird dir der Leib gegeben und in der Gestalt des Weines das Blut, auf daß du durch die Teilhabe an Christi Leib und Blut *eines Leibes und eines Blutes* mit ihm werdest«[5]. Kühne Worte, doch die Kirchenväter hatten keinen Hang zu Übertreibungen. Tatsache ist, daß die eucharistische Gemeinschaft von solcher Tiefe ist, daß alle menschlichen Vergleiche, die man anführen könnte, von ihr übertroffen werden. Jesus führt das Beispiel von Weinstock und Rebe an. Gewiß handelt es sich hierbei um eine denkbar enge Verbindung; Weinstock und Rebe teilen sich denselben Pflanzensaft, dasselbe Leben; wird die Rebe vom Weinstock getrennt, so stirbt sie. Doch weder der Weinstock noch die Rebe »wissen« von dieser ihrer Verbindung, denn sie haben keine Seele! Zuweilen führt man auch das Beispiel der Ehegatten an, die, wenn sie sich vereinigen, »ein Fleisch« bilden (und das ist vielleicht der beste Vergleich); gleichwohl handelt es sich auch hier um eine andere und deutlich niedrigere Ebene: die des Fleisches, nicht die des Geistes. Die Ehepartner können ein Fleisch bilden, nicht jedoch einen Geist, es sei denn in moralischem Sinne. *Wer sich dagegen an den Herrn bindet, ist ein Geist mit ihm* (1 Kor 6,17). Und genau hierin liegt die Kraft der eucharistischen Gemeinschaft; in ihr werden wir ein Geist mit Jesus, und dieser »eine Geist« ist der Heilige Geist! Im Sakrament vollzieht sich jedesmal von neuem das, was in der Geschichte ein einziges Mal geschehen ist. Im Augenblick der Geburt ist es der Heilige Geist, der der Welt den Gesalbten, Christus, schenkt (Maria nämlich empfing durch das Wirken des Heiligen Geistes); im Augenblick des Todes ist es Christus, der der Welt den Heiligen Geist schenkt (als er starb, »hauchte er den Geist aus«). Ähnlich ist es in der Eucharistie: in der Konsekration schenkt uns der Heilige Geist Christus, in der Kommunion schenkt uns Christus den Heiligen Geist.

Der Heilige Geist ist es, der unsere innige Verbundenheit (*oikeiosis*) mit Gott bewirkt, so formuliert es der heilige Basilius.[6] Und der heilige Irenäus sagt sogar, der Heilige Geist sei »selbst unsere Kommunion mit Christus«[7]. Er ist – um es mit den Worten eines modernen Theologen auszudrücken – die »Unmittelbarkeit« unserer Beziehung zu Christus[8], in dem Sinne, daß er als Mittler dient zwischen uns und ihm, ohne jedoch irgendeine Trennung zu schaffen; ohne daß etwas »zwischen« uns und Jesus stehen würde, denn auch Jesus und der

Heilige Geist sind – wie Jesus und der Vater – »eins«.

In der Kommunion kommt Jesus zu uns als der, der den Geist schenkt. Nicht als der, der irgendwann einmal vor langer Zeit den Geist geschenkt hat, sondern als der, der *nun*, nachdem das Meßopfer auf dem Altar vollzogen ist, von neuem »den Geist aushaucht« (vgl. Joh 19,30). Auf diese Weise läßt Jesus uns an seiner geistigen Salbung teilhaben. Seine Salbung fließt in uns über, oder besser: wir tauchen in sie ein. »Christus ergießt sich in uns und verschmilzt mit uns, indem er uns in sich verwandelt und umformt, wie einen Wassertropfen, den man in einen grenzenlosen Ozean duftenden Salböls schüttet. Dies ist die Wirkung, die ein solches Salböl auf diejenigen hat, die mit ihm in Berührung kommen: es beschränkt sich nicht darauf, sie einfach wohlriechend zu machen, noch läßt es sie lediglich jenen Duft einatmen, vielmehr wandelt es ihre eigentliche Substanz um in den Duft jenes Salböls, das sich für uns verströmt hat: *Wir sind Christi Wohlgeruch* (2 Kor 2,15)«[9].

Beim eucharistischen Mahl stellt sich die »nüchterne Trunkenheit des Geistes« ein. Der heilige Ambrosius schreibt zu einer Stelle aus dem Hohenlied: »*Ich esse mein Brot samt dem Honig* (Hld 5,1): siehst du, daß in diesem Brot keine Bitternis, sondern nur Süße ist? *Ich trinke meinen Wein und die Milch* (ibid.): siehst du, daß dies eine Freude ist, die kein Makel befleckt? Denn jedesmal, wenn du trinkst, empfängst du Vergebung deiner Sünden und berauschst dich im Geiste. Der Apostel sagt: *Berauscht euch nicht mit Wein (...), sondern laßt euch vom Geist erfüllen* (Eph 5,18); wer sich am Wein berauscht, schwankt und ist unsicher, doch wer sich am Geist berauscht, wird gleichsam verwurzelt in Christus. Eine heilige Trunkenheit ist die, welche die Nüchternheit des Herzens bewirkt«[10]. Daher auch der berühmte Ausruf desselben Ambrosius in einem von ihm verfaßten Hymnus, der noch heute im Stundengebet rezitiert wird: »Trinken wir mit Freuden den nüchternen Überfluß des Geistes!« (*laeti bibamus sobriam profusionem Spiritus*). Die nüchterne Trunkenheit ist kein bloßes poetisches Motiv, sondern eine Aussage voll tiefer Wahrheit. Die Wirkung der Trunkenheit besteht immer darin, den Menschen aus sich selbst, aus den ihm eigenen engen Grenzen herausgehen zu lassen. Während jedoch der Mensch infolge materieller Trunkenheit (Wein, Drogen) aus sich selbst herausgeht, um »unterhalb« seiner Verstandesebene zu leben, wie die Tiere gewissermaßen, geht er bei der spirituellen Trunkenheit aus sich heraus, um »oberhalb« seiner eigenen Vernunft zu leben, in der Dimension Gottes. Jede Kommunion müßte in einer Ekstase enden, wenn wir unter diesem Wort nicht die außerordentlichen, aber unwesentlichen Vorfälle verstehen, von denen sie zuweilen bei den Mystikern begleitet ist, sondern wörtlich das Herausgehen (*ekstasis*) des Menschen aus sich selbst, das »Nicht mehr ich lebe« des Paulus.

Was die Kirchenväter in bildhafter Weise mit dem Begriff der Trunkenheit zum Ausdruck bringen wollten, formuliert der heilige Thomas von Aquin in sachlicheren Worten, wenn er die Eucharistie als »das Sakrament der Liebe« (*sacramentum caritatis*) bezeichnet.[11] Er erklärt, daß die Vereinigung mit dem lebendigen Christus nur in der Liebe vollzogen werden könne; die Liebe nämlich sei die einzige Wirklichkeit, die es ermögliche, daß zwei Wesen sich vereinigen, um zu einem einzigen zu verschmelzen, und dabei doch zwei eigenständige Wesen bleiben. Wenn der Heilige Geist als »die Kommunion selbst« mit Christus bezeichnet wird, dann gerade deshalb, weil er die Liebe Gottes in Person ist. Jede eucharistische Kommunion, die nicht in einem Ausdruck der Liebe abschließt, ist unvollendet. Nur dann teile ich mich ganz und rückhaltlos Christus mit, der sich mir mitgeteilt hat, wenn ich, wie Petrus, einfachen und aufrichtigen Herzens zu sagen vermag: »Herr, du weißt, daß ich dich liebe!« (vgl. Joh 21,16).

3. »Ich in ihnen und du in mir«: Kommunion – die Gemeinschaft mit dem Vater

Durch Jesus und seinen Geist gelangen wir in der eucharistischen Gemeinschaft schließlich auch zum Vater. In seinem »Hohepriesterlichen Gebet« sagt Jesus zum Vater: *Sie sollen eins sein, wie wir eins sind, ich in ihnen und du in mir* (Joh 17,22f.). Diese Worte: »Ich in ihnen und du in mir« bedeuten, daß Jesus in uns ist und daß in Jesus der Vater ist. Man kann also nicht den Sohn empfangen, ohne mit ihm auch den Vater zu empfangen. Dies hat seine letzte Ursache darin, daß Vater, Sohn und Heiliger Geist eine einzige und untrennbare göttliche Natur sind, sie sind »eins«. Der heilige Hilarius von Poitiers schreibt dazu: »Wir sind mit Christus vereint, der untrennbar ist vom Vater, der aber, obwohl er im Vater bleibt, auch mit uns vereint bleibt. So gelangen auch wir zur Einheit mit dem Vater. Christus nämlich ist im Vater als ihm wesensgleich, da er von ihm gezeugt ist; doch in einer gewissen Weise sind auch wir durch Christus im Vater als ihm wesensgleich. Er lebt im Vater, und wir leben in seiner menschlichen Natur«[12].

Wenn wir uns theologisch präzise ausdrücken wollen, dann können wir sagen, daß in der Eucharistie der Sohn Jesus Christus *seiner Natur nach* gegenwärtig ist (also in seiner zweifachen, göttlichen und menschlichen Natur) und daß er ebenso auch *seiner Person nach* gegenwärtig ist (in der Person des Sohnes); der Vater und der Heilige Geist sind *direkt* nur ihrer Natur nach (aufgrund der Einheit der göttlichen Natur) gegenwärtig, doch *indirekt*, das heißt aufgrund der Perikorese der göttlichen Personen, sind sie auch ihrer Person nach gegenwärtig. Denn in jeder der drei Personen der Dreifaltigkeit sind die beiden anderen miteingeschlossen.

Dieser theologische Grundsatz der als Ganzes in der Eucharistie gegenwärtigen Dreifaltigkeit ist für die Heiligen zuweilen zu einem direkt erfahrbaren Erlebnis geworden. Im Tagebuch einer großen Mystikerin, der heiligen Veronica Giuliani, lesen wir: »Mir war, als sähe ich im Allerheiligsten Sakrament wie auf einem Thron den Dreieinigen Gott: den Vater in seiner Allmacht, den Sohn in seiner Weisheit, den Heiligen Geist in seiner Liebe. Jedesmal, wenn wir die Kommunion empfangen, wird unsere Seele und unser Herz zum Tempel der Allerheiligsten Dreifaltigkeit, und mit Gott, der in uns einzieht, kommt das ganze Paradies. Als ich sah, wie Gott in der hochheiligen Hostie verborgen ist, war ich den ganzen Tag außer mir vor Freude. Müßte ich mein Leben hingeben zum Beweis dieser Wahrheit, ich gäbe es tausendmal.«[13]

Wir treten also in eine geheimnisvolle, doch wahre und tiefe Gemeinschaft mit der gesamten Dreifaltigkeit: mit dem Vater, durch Christus, im Heiligen Geist. Die ganze Dreifaltigkeit ist am Altar unsichtbar gegenwärtig. Genau das will die berühmte Dreifaltigkeitsikone von A. Rubljow veranschaulichen, in der Vater, Sohn und Heiliger Geist in der Gestalt der drei Engel, die dem Abraham unter der Eiche von Mamre erschienen, eine Art mystischen Kreis um den Altar herum bilden und dem Betrachter zu sagen scheinen: »Ihr sollt eins sein, wie auch wir eins sind!«

4. Gott hat uns seinen Leib in die Hände gelegt

Die Kommunion öffnet uns also gleichsam eine Reihe von aufeinanderfolgenden Türen, die uns Einlaß gewähren, zunächst in das Herz Christi und dann durch ihn in das Herz der Dreifaltigkeit selbst. Doch wenn wir einmal darüber nachdenken, wie tief sich die Gottheit in ihrer Güte zu uns herabneigt, dann überkommt uns Traurigkeit. Was tun wir denn mit dem Leib Christi? Eines Tages hörte ich während der Kommunion ein schönes Lied, in dem stets folgende Worte wiederkehrten: »Gott hat uns seinen Leib in die Hände gelegt, Gott hat uns seinen Leib in die Hände gelegt!« Plötzlich fuhr es mir wie ein Stich durchs Herz: Gott hat uns seinen Leib in die Hände gelegt, doch wir, was tun wir mit diesem Leib Gottes? Und ich konnte mich nicht zurückhalten, innerlich zu schreien: Wir tun Gott Gewalt an! Wir tun ihm Gewalt an! Wie tun wir ihm Gewalt an? Wir mißbrauchen das Versprechen, durch das er sich verpflichtet hat, auf den Altar herab und zu uns zu kommen. Wir »zwingen« ihn jeden Tag dazu, diesen höchsten Beweis seiner Liebe zu erbringen, doch wir sind ohne Liebe, ja oft sind wir sogar zerstreut, und eben dadurch tun wir ihm Gewalt an. Wie behutsam und zart muß man mit einem Kind umgehen, das sich nicht wehren kann; doch wie grob und rücksichtslos gehen wir mit Jesus um, der sich auf eine geheimnisvolle Weise nicht gegen uns wehren kann! »Seht doch«, so rief der heilige Franz von Assisi aus, »täglich erniedrigt er sich, wie er einst vom königlichen Thron herab in den Schoß der Jungfrau kam.«[14] Man kann sich deshalb dem Altar zur Kommunion nicht anders nähern als in tiefster Demut und Reue. »Hört, meine Brüder« – wieder ist es der heilige Franziskus, der zu uns spricht – »wenn die heilige Jungfrau so geehrt wird, wie es geziemend ist, weil sie ihn in ihrem heiligsten Schoß getragen hat; wenn der selige Täufer erzitterte und nicht wagt, den heiligen Scheitel Gottes zu berühren; wenn das Grab verehrt wird, in dem er eine Zeitlang gelegen hat, wie heilig, gerecht und würdig muß dann der sein, der den, der nicht mehr sterben wird, sondern ewig leben und verherrlicht sein wird, den zu schauen die Engel sich sehnen, mit den Händen berührt, mit dem Herzen und Munde empfängt und anderen zum Empfang darreicht! (...) Es ist ein großes Elend und eine beklagenswerte Schwäche, wenn ihr euch, während ihr ihn so gegenwärtig habt, noch um irgend etwas anderes in der ganzen Welt kümmert. Der Mensch erschaure, die ganze Welt erbebe, und der Himmel juble, wenn auf dem Altar in der Hand des Priesters Christus, der Sohn des lebendigen Gottes ist!«[15]

Unsere Freunde im Paradies – Maria, die Engel, die Heiligen, die uns vertraut sind – wissen, wie groß dieses Geheimnis ist, das wir empfangen, und wie sehr es unser Begreifen übersteigt, und sie sind bereit, uns behilflich zu sein, wenn wir sie darum bitten. Wir können in einer sehr einfachen und bestimmten Weise zu ihnen sprechen, ein wenig wie jener Mann im Evangelium, der, als er nachts einen Freund aufnehmen muß und nichts hat, was er ihm anbieten könnte, nicht zögert, einen Bekannten aufzuwecken, um ihn zu bitten, ihm Brot zu leihen (vgl. Lk 11,5ff.). Wir können uns von diesen vollkommenen himmlischen Anbetern als Leihgabe ihre Reinheit, ihr Lob, ihre Demut, ihre Gefühle grenzenloser Dankbarkeit Gott gegenüber erbitten und sodann dafür sorgen, daß Jesus sie vorfindet, wenn er in der Kommunion zu uns kommt. Die Heiligen – und Maria an erster Stelle – sind bereit, dies zu tun. Sie können es kraft der Gemeinschaft der Heiligen; sie wollen es kraft der Liebe, die sie uns und die sie Jesus entgegenbringen. Wie könnten sie es ablehnen! Ja, ich möchte sogar sagen, daß wegen solcher Anfragen im Paradies eine gewisse Konkurrenz und Eifersucht herrscht. In der Kommunion ist Gott im Spiel, und wenn Gott im Spiel ist, dann geschieht das Unmögliche: durch die göttliche Allmacht und Freigebigkeit werden bloße Wünsche, auch wenn sie kindlich sind, wie berechtigte Ansprüche angesehen. *Er hat seinen eigenen Sohn nicht verschont, sondern ihn für uns alle hingegeben – wie sollte er uns mit ihm nicht alles schenken?* (Röm 8,32). Wenn ein König es zuläßt, daß sein Sohn einen armen Mann in seiner elenden Hütte besucht, wird er dann vielleicht dem armen Mann den Schmuck und die Blumen verweigern, um den Raum weniger ärmlich und den Empfang weniger unwürdig zu gestalten? Wir können es sogar noch kindlicher sagen und uns im Augenblick der Kommunion die »Überraschung« Jesu vorstellen, der, wenn er zu uns kommt, darauf gefaßt ist, die übliche armselige Behausung vorzufinden, und stattdessen dieselben Herrlichkeiten des Paradieses erblickt, die er gerade verlassen hat! Man muß nur aufpassen. Maria und die Heiligen nehmen diese Dinge, bei denen der König des Paradieses im Spiel ist, sehr ernst; welche Traurigkeit und Beschämung daher, wenn du in der Mitte des Tages plötzlich bemerkst, daß sie gekommen sind und das Haus des Armen geschmückt haben – der Eigentümer aber ist am frühen Morgen hinausgegangen und nicht mehr zurückgekehrt!

Ich glaube, es ist eine heilsame Gnade für einen Christen, wenn er eine Zeit durchlebt, in der er sich vor dem Empfang der Kommunion fürchtet und zittert bei dem Gedanken an das, was geschieht, und in der er immer wieder die Worte Johannes des Täufers spricht: Du kommst zu mir? (Mt 3,14). Wir können Gott nicht empfangen, wenn wir ihn nicht als »Gott« empfangen, ihm also seine ganze Heiligkeit und Majestät bewahren. Wir können Gott nicht uns anpassen! Die Kirche sollte in ihrer Verkündigung nicht davor zurückscheuen – da die Kommunion doch heute so zur Gewohnheit und »leicht« geworden ist –, sich zuweilen der Sprache des Hebräerbriefes zu bedienen und den Gläubigen zuzurufen: *Ihr seid nicht zu einem sichtbaren, lodernden Feuer hingetreten, zu dunklen Wolken, zu Finsternis und Sturmwind, zum Klang der Posaunen und zum Schall der Worte, bei denen die Hörer flehten, diese Stimme solle nicht weiter zu ihnen reden (...) Ja, so furchtbar war diese Erscheinung, daß Mose rief: Ich bin voll Angst und Schrecken. Ihr seid vielmehr zum Berg Zion hingetreten, zur Stadt des lebendigen Gottes, dem himmlischen Jerusalem, zu Tausenden von Engeln, zu einer festlichen Versammlung und zur Gemeinschaft der Erstgeborenen, die im Himmel verzeichnet sind; zu Gott, dem Richter aller (...), zum Mittler eines neuen Bundes, Jesus, und zum Blut der Besprengung, das mächtiger ruft als das Blut Abels* (Hebr 12,18-24).

Wir kennen die Warnung, die in der Frühzeit der Kirche bei der liturgischen Versammlung im Augenblick der Kommunion erscholl: »Wer heilig ist, trete heran, wer es nicht ist, bereue!«[16] Der heilige Johannes Chrysostomus, der es mit einer Gemeinde zu tun hatte, die ebenfalls dazu neigte, die Dinge allzu leicht zu nehmen, spricht so gut wie nie von der eucharistischen Gemeinschaft, ohne das

Adjektiv »furchtbar« (*friktos*) zu gebrauchen: »Furchtbar«, so schreibt er, »sind die Geheimnisse der Kirche; furchtbar ist der Altar!« »Furchtbar und unaussprechlich ist die Vereinigung mit den heiligen Geheimnissen«. »Ohne den besonderen Beistand der Gnade Gottes könnte keine menschliche Seele das Feuer dieses Opfers ertragen, ohne völlig vernichtet zu werden«[17]. Derselbe Heilige hat gesagt, daß der Christ, wenn er vom Tisch des Herrn kommt, einem Löwen ähnelt, der feurige Flammen aus seinem Mund speit: sein Anblick ist dem Dämon unerträglich.[18] Man muß die furchtbare Erhabenheit der Eucharistie zumindest einmal selbst erfahren haben, um die Güte und die Herablassung Gottes ganz und gar schätzen zu lernen, der diese Erhabenheit wie hinter einem Schleier verbirgt, um uns nicht zu vernichten.

5. Kommunion – die Gemeinschaft mit dem Leib Christi, der die Kirche ist

Bisher haben wir uns darauf beschränkt, den vertikalen Aspekt der Kommunion zu betrachten, die Gemeinschaft mit Gott dem Vater, dem Sohn und dem Heiligen Geist. Doch in der Eucharistie vollzieht sich auch eine horizontale Gemeinschaft, die Gemeinschaft mit den Brüdern. In dem Text, den wir uns zu Anfang vergegenwärtigt haben, sagte der heilige Paulus: *Ist das Brot, das wir brechen, nicht Teilhabe am Leib Christi? Ein Brot ist es, darum sind wir viele ein Leib; denn wir alle haben teil an dem einen Brot* (1 Kor 10,16-17). In diesem Abschnitt kommt zweimal das Wort »Leib« vor; das erste Mal bezeichnet es den wirklichen Leib Christi, das zweite Mal seinen mystischen Leib, die Kirche. »Nachdem er die Passion erlitten hat«, so schreibt der heilige Augustinus, »hat der Herr uns in diesem Sakrament seinen Leib und sein Blut anvertraut, damit wir selbst dazu umgestaltet würden. Tatsächlich sind auch wir sein Leib, und so sind wir, was wir empfangen, aufgrund seiner Barmherzigkeit. Erinnert euch einen Augenblick daran, was dieses Geschöpf einmal war, als es noch auf dem Feld stand: die Erde ließ es keimen, der Regen ernährte es; dann war da die Arbeit des Menschen, der es auf die Tenne brachte, es drosch, es sichtete und in den Speichern lagerte; von dort holte er es hervor, um es zu mahlen und zu backen, und so wurde es schließlich zu Brot. Und nun denkt wieder an euch selbst: ihr wart nicht und wurdet geschaffen, ihr seid auf die Tenne des Herrn gebracht worden, ihr seid gedroschen worden, dank der Arbeit der ›Ochsen‹, das sind diejenigen, die euch das Evangelium verkündet haben. Während der Zeit des Katechumenats wart ihr gleichsam im Speicher aufbewahrt; als ihr eure Namen für die Taufe eingetragen hattet, habt ihr begonnen, gemahlen zu werden durch Fasten und Reinigung; dann schließlich seid ihr an das Wasser gelangt, ihr seid zu einem Teig angerührt worden und eins geworden; das Feuer des Heiligen Geistes ist über euch gekommen, und ihr seid gebacken worden und wurdet zum Brot des Herrn. Das ist es, was ihr empfangen habt. Wie ihr also seht, daß das bereitete Brot eines ist, so sollt auch ihr eins sein, indem ihr euch liebt und denselben Glauben, dieselbe Hoffnung und ungeteilte Liebe bewahrt.«[19]

Der Leib Christi, die Kirche, hat sich ähnlich entwickelt wie das eucharistische Brot; sie hat dieselben Stationen durchlaufen. Das eucharistische Brot verwirklicht die Einheit der Glieder untereinander, indem es sie versinnbildlicht. Auch hier gilt für das Sakrament: »*significando causat*«. In der Kommunion wird »die Einheit des Volkes Gottes (...) sinnvoll bezeichnet und wunderbar bewirkt«[20]. Mit anderen Worten: was die Zeichen von Brot und Wein auf der Ebene des Sichtbaren ausdrücken – die Einheit unzähliger Getreidekörner und einer großen Menge von Trauben –, das verwirklicht das Sakrament im Innern, auf der Ebene des Geistigen.

»Das verwirklicht es«: doch nicht automatisch und von alleine, sondern durch unseren Einsatz. Mein Bruder kann mir nicht länger gleichgültig sein, wenn ich Eucharistie feiere; ich kann ihn nicht zurückweisen, ohne Christus selbst zurückzuweisen und so mich selber aus der Einheit herauszulösen. Wer bei der Kommunion vorgäbe, in Liebe zu Christus zu entbrennen, nachdem er gerade einen seiner Brüder gekränkt oder verletzt hat, ohne ihn um Verzeihung zu bitten oder dies wenigstens fest vorzuhaben, gleicht jemandem, der nach langer Zeit einen Freund trifft, sich auf die Zehenspitzen stellt, um ihn auf die Stirn zu küssen und ihm so seine ganze Liebe zu zeigen, dabei aber nicht merkt, daß er ihm gleichzeitig mit seinen Nagelschuhen auf die Füße tritt! Die Füße Jesu sind die Glieder seines Leibes, insbesondere die Ärmsten und Geringsten unter ihnen. Er liebt diese seine »Füße«, und jenem Menschen könnte er zurufen: Du ehrst mich vergebens!

Der Christus, der in der Kommunion zu mir kommt, ist derselbe ungeteilte Christus, der auch zu meinem Bruder kommt, der neben mir steht; in dem Augenblick, da er uns alle an sich bindet, bindet er uns sozusagen alle aneinander. Hierin liegt vielleicht die tiefe Bedeutung jener Worte, die man zuweilen in den Schriften des Neuen Testamentes und der ersten Jahrhunderte der Kirche liest: »Vereint im Brechen des Brotes«: die Christen fühlten sich vereint im Brechen des Brotes. Ein Paradox: im Teilen vereint. Denn das Brechen bedeutet Teilung. Eben gerade das ist es: wir sind im Teilen, oder besser, im *Miteinander-Teilen* desselben Brotes vereint! Der heilige Augustinus gab uns vorhin zu bedenken, daß ein Brot nur dann entstehen kann, wenn die Körner, aus denen es besteht, zuvor »gemahlen« werden. Um aber gemahlen zu werden, gibt es nichts Wirkungsvolleres als die brüderliche Liebe, vor allem für den, der in einer Gemeinschaft lebt: einander trotz der unterschiedlichen Charaktere, Ansichten usw. zu ertragen. Das ist wie eine Mühle, die uns von Tag zu Tag verfeinert, und in der wir die Rauheiten unserer Natur verlieren.

Nun haben wir begriffen, zu wem wir *Amen* sagen im Augenblick der Kommunion und was es bedeutet. Wir hören die Worte: »Der Leib Christi!« und antworten: *Amen*! Wir sagen *Amen* zum allerheiligsten Leib Jesu, von Maria geboren und für uns gestorben, doch wir sagen auch *Amen* zu seinem mystischen Leib, der Kirche, und das sind, konkret gesprochen, die Brüder, die im Leben oder am Tisch des Herrn um uns herum sind. Wir können die beiden Leiber nicht voneinander trennen und den einen ohne den anderen akzeptieren. Es mag uns nicht schwerfallen, zu vielen, vielleicht zu den meisten unserer Brüder *Amen* zu sagen. Doch unter ihnen wird immer einer sein, der uns weh tut, durch seine oder unsere Schuld, das bleibt sich gleich; jemand, der sich uns entgegenstellt, uns kritisiert, uns verleumdet. In diesem Fall *Amen* zu sagen ist schwieriger, birgt jedoch eine spezielle Gnade in sich. Es liegt sogar eine Art Geheimnis darin. Wenn wir eine innigere Gemeinschaft mit Jesus leben wollen, wenn wir seiner Vergebung oder einer besonderen Gnade bedürfen, dann ist dies der Weg, sie zu erlangen: Jesus in der Kommunion gemeinsam mit »jenem« Bruder oder »jenen« Brüdern zu empfangen. Ihm ausdrücklich zu sagen: Jesus, heute empfange ich dich gemeinsam mit diesem ... (hier nennt man den Namen), ich nehme ihn gemeinsam mit dir in meinem Herzen auf, ich bin froh, wenn du ihn mitbringst. Diese kleine Geste gefällt Jesus sehr, weil er weiß, daß wir ein bißchen sterben müssen, um das zu tun.

Ich beende diese Meditation mit einer Strophe des *Adoro te devote*, das so viele Generationen von Gläubigen in ihrer eucharistischen Frömmigkeit bestärkt hat: »Denkmal, das uns mahnet an des Herren Tod! Du gibst uns das Leben, o lebendig Brot. Werde gnädig Nahrung meinem Geiste du, daß er deine Wonnen koste immerzu.«

VIERTES KAPITEL

»Wenn ihr das Blut des Menschensohnes nicht trinkt…«

Die Eucharistie, Teilhabe am Blut Christi

Wir wollen in diesem Kapitel fortfahren in unseren Überlegungen zu dem Thema: »Die Eucharistie bildet die Kirche durch Kommunion«. Bisher haben wir von der Kommunion im allgemeinen gesprochen, nun wollen wir unsere Aufmerksamkeit einem besonderen Punkt zuwenden: der Gemeinschaft mit dem Blut Christi.

Eines Tages drückte mir eine Frau am Ende der Heiligen Messe einen Zettel in die Hand. Darauf stand: »Jesus sagt: ›Nehmt und trinkt alle davon, das ist mein Blut‹: warum können nicht auch wir das Blut Christi trinken, wie er es uns aufgetragen hat? Dieses Blut hat eine solche Kraft, unsere Sünden abzuwaschen, und wir dürsten danach: warum müssen wir darauf verzichten? Es gibt genügend Reben und Wein auf unseren Feldern, um den christlichen Laien sogar täglich das Blut Christi zu trinken zu geben, wenn sie es wünschen. Weshalb sind wir geizig mit ihm, der doch zu uns so großzügig ist?« Als ich daraufhin mit ihr sprach, erkannte ich, daß sie diese Frage nicht um der bloßen Diskussion willen stellte, sondern daß ihr Wunsch einem echten Verlangen nach dem Blut Christi entsprang und von tiefer Demut und Liebe zur Kirche begleitet war. Die vorliegende Katechese möchte eine Antwort auf dieses im christlichen Volk immer weiter verbreitete Verlangen sein. Sie möchte dazu beitragen, die Macht und die Milde des eucharistischen Blutes Christi wiederzuentdecken und die Praxis der Kommunion unter beiden Gestalten zu fördern, nun, da sie vom Zweiten Vatikanischen Konzil wieder in der Katholischen Kirche eingeführt worden ist.

1. Die Kommunion unter beiden Gestalten

Ich muß einige, wie ich denke, allgemeinverständliche historische und theologische Bemerkungen vorausschicken. Jesus hat die Eucharistie eingesetzt unter den Zeichen von Brot und Wein, das heißt als Speise und Trank, die zusammen das Bild eines Festessens, eines gemeinsamen Mahles ergeben. In der Rede von Kafarnaum sagt er: »Wenn ihr das Fleisch des Menschensohnes nicht eßt und sein Blut nicht trinkt, habt ihr das Leben nicht in euch«, und: »Mein Fleisch ist wirklich eine Speise, und mein Blut ist wirklich ein Trank« (Joh 6,53.55). Bei der Einsetzung der Eucharistie lauten seine Worte: »Nehmt und eßt... Nehmt und trinkt alle daraus«. Er sagt nicht: »einige« oder: »wer will«, er sagt: »alle«.

Der heilige Paulus bezeugt, wie treu die apostolische Kirche dieses Gebot befolgte, und einmal nennt er dabei die »Teilhabe am Blut Christi« sogar vor der »Teilhabe am Leib Christi« (1 Kor 10,16).

Unter den so zahlreichen Aussagen sollen einige genügen, um uns eine Vorstellung davon zu geben, welche Bedeutung das Blut in der eucharistischen Katechese der Väter hatte. »Ihr erkennt«, so der heilige Augustinus zu den Neugetauften, »im Brot jenen Leib, der am Kreuz hing, und im Kelch jenes Blut, das aus seiner Seite hervorquoll (...). Damit ihr euch nicht zerstreut, eßt das Band eurer Einheit; damit ihr nicht fallt, trinkt den Preis, der für euch bezahlt worden ist«[1]. Das Blut Christi ist der »Preis für unsere Erlösung« (1 Kor 6,20; Eph 1,7). Die Gläubigen sind »Kostbarkeiten«, »Pretiosen«, wegen des »Preises« (*pretium*), den Christus für sie bezahlt hat, den sie Christus »gekostet« haben. »Wenn du dem Bösen die Zunge zeigst, die vom kostbaren Blut benetzt ist«, so ruft auch Chrysostomus aus, »dann wird er nicht standhalten können; wenn du ihn deinen Mund sehen läßt, der purpurn gefärbt ist, dann wird er dir wie ein verängstigtes Tier schleunigst den Rücken kehren. Du willst die Macht dieses Blutes kennenlernen? Gib acht, woher es strömte, und wo es seine Quelle hatte: von der Höhe des Kreuzes, aus der Seite des Herrn«[2].

Die ganze Liebe und Ehrfurcht, die die frühen Christen dem Blut Christi entgegenbrachten, wird sichtbar in der Art, wie sie sich ihm näherten, um es zu empfangen: »Nachdem du am Leib Christi teilhattest«, sagte ein Bischof zu seinen Gläubigen, »empfange den Kelch seines Blutes. Strecke nicht die Hände aus, sondern verneige dich, sprich *Amen* zum Zeichen der Anbetung und Verehrung und heilige dich selbst durch den Empfang des Blutes Christi. Trockne mit der Hand die an den Lippen verbliebene Feuchtigkeit ab und heilige deine Stirn, deine Augen und deine Sinnesorgane, indem du sie berührst. Und danke Gott, der dich der Teilhabe an solchen Geheimnissen für würdig befunden hat«[3]. Aus dieser Liebe und Wertschätzung des Blutes Christi ist eines der beliebtesten Symbole der Eucharistie hervorgegangen: das des Pelikans. Im Altertum war es eine allgemein verbreitete Vorstellung, daß der Pelikan sich mit dem Schnabel eine Wunde in der Brust aufreiße, um seine hungrigen Jungen mit seinem eigenen Blut zu nähren.[4]

Anhand dieser vorausgeschickten Informationen sind wir nun imstande, uns ein Bild davon zu machen, wie die Eucharistie lange Zeit hindurch erlebt wurde, und wir können nicht umhin zu bemerken, wie sehr man sich in der Folgezeit in diesem Punkt von ihrer ursprünglichen Erscheinungsform entfernt hat. Viele Faktoren haben dazu geführt, aus der Eucharistie stillschweigend das Sakrament des Leibes Christi zu machen und weitaus weniger das seines Blutes, an erster Stelle die Tatsache, daß den Gläubigen die Kommunion nur mehr unter der Gestalt des Brotes gereicht wurde. Auch die eucharistische Verehrung außerhalb der Messe hat unfreiwillig dazu beigetragen. Die Aussetzung, die Anbetung und der eucharistische Segen werden ausschließlich mit der Hostie durchgeführt; beim Fronleichnamsfest wird nur der Leib Christi der Prozession vorangetragen; einige der traditionsreichsten eucharistischen Gesänge (*Ave verum, Panis angelicus*) stellen uns die Eucharistie eindrucksvoll, jedoch einseitig als »wahren von Maria geborenen Leib« und als »das Brot der Engel« vor

Augen, ohne sein Blut auch nur zu erwähnen. Letzten Endes erscheint das Blut Christi wie der »arme Verwandte« und wie eine Art Anhängsel des Leibes Christi, mit der Folge, daß die Eucharistie eher geeignet erscheint, das Geheimnis der Inkarnation als das der Passion zu vergegenwärtigen.

Die christliche Frömmigkeit hat versucht, diesem Mißstand abzuhelfen, indem sie außerhalb des eucharistischen Geheimnisses die Verehrung des Blutes Christi zu einer eigenen Blüte führte. Dies beweist die Tatsache, daß man ein eigenes »Fest des kostbaren Blutes« auf den ersten Juli legte, so als ob das Fest des Leibes Christi (Fronleichnam) nicht ebenso das Fest seines Blutes wäre. In der Folge des Konzils ist jenes Fest aufgehoben worden, während gleichzeitig das sogenannte »Fest des Allerheiligsten Leibes Christi« die exaktere Bezeichnung »Fest des Allerheiligsten Leibes und Blutes Christi« bekam.

Doch kehren wir zur Hauptsache zurück, der Kommunion unter beiden Gestalten. Diese war bekanntlich bis zum 12. Jahrhundert auch in der lateinischen Kirche die übliche Praxis. Im fünften Jahrhundert ging Papst Gelasius sogar so weit, alle diejenigen, die nicht auch am Blut Christi teilhaben wollten, mit folgenden Worten zu verurteilen: »Entweder sollen sie das ganze Sakrament empfangen, oder es werde ihnen alles verweigert. Denn man kann dieses Geheimnis, das eins und wesensgleich ist, nicht teilen, ohne ein schweres Sakrileg zu begehen«[5]. In der Folgezeit wurde diese Praxis dann aus Vernunftgründen (»die Zahl der Christen ist gewachsen; unter ihnen sind ältere Menschen, Jugendliche und Kinder, die nicht immer in der Lage sind, beim Empfang dieses Sakramentes die nötige Vorsicht walten zu lassen«) nach und nach aufgegeben und der Kelch bei der Kommunion ausschließlich dem Zelebranten vorbehalten.

Es ist aufschlußreich, die theologische Motivation zu erfahren, die dieser neuen liturgischen Praxis gegeben wurde. Sie basiert auf der Gewißheit, daß »in jeder der beiden Gestalten Christus ganz enthalten ist«. Der heilige Thomas von Aquin erklärt, als er dieses Prinzip anführt, jedoch sogleich auch seine Bedeutung und seine Grenzen. Es ist wahr – so sagt er –, daß in jeder der beiden Gestalten Christus ganz gegenwärtig ist, doch in verschiedener Weise. Im Zeichen des Brotes ist der Leib Christi »kraft des Sakraments«, das heißt kraft der Worte Christi gegenwärtig, während das Blut dort nur »kraft der natürlichen Verbindung« gegenwärtig ist, das heißt kraft der Tatsache, daß dort, wo ein lebendiger Leib ist, notwendigerweise auch sein Blut ist. Und entsprechend ist im Zeichen des Weines das Blut Christi »kraft des Sakraments« gegenwärtig, während der Leib Christi nur indirekt, durch das Prinzip der »natürlichen Verbindung« gegenwärtig ist.[6]

Die Schwierigkeiten kommen dann auf, wenn man dem physischen oder metaphysischen Prinzip der »natürlichen Verbindung« gegenüber dem in den Einsetzungsworten ausgedrückten Willen Christi (der »Kraft des Sakraments«) den Vorrang einräumt, wenn also die philosophischen Kategorien des Augenblicks wichtiger werden als die biblischen Kategorien, und sie es sind, die die liturgische

Praxis bestimmen. Wir haben bereits mehrmals erwähnt, daß für Aristoteles, wie übrigens auch für uns heute, das Blut in seiner üblichen Bedeutung nichts anderes ist als ein Teil des menschlichen Körpers. Logischerweise müßte man daraus folgern, daß kraft der natürlichen Verbindung im Leib Christi nicht nur das Blut gegenwärtig ist, sondern auch die Nerven, die Knochen, das Herz, die Hände und jeder andere Körperteil. Doch man erkennt sofort, wie dann alles roh und materiell wird und uns von der wahren Bedeutung des von Christus eingesetzten Ritus ablenkt. In der Bibel und in den Worten der Einsetzung ist das Blut etwas ganz anderes als ein bloßer Körperteil! Es ist bezeichnend, daß die beiden einzigen Autoritäten, die man dem Gewicht der Schrift und der gesamten alten Tradition zugunsten der neuen liturgischen Praxis entgegenhalten konnte, eine »gewöhnliche Randbemerkung« und der »Gebrauch zahlreicher Kirchen« waren.[7]

Der heilige Thomas selbst läßt hinsichtlich der Anwendung des Prinzips der natürlichen Verbindung eine gewisse Zurückhaltung erkennen, vor allem durch die Einwände, die er selbst erhebt. »Dieses Sakrament«, so schreibt er, »wird zum Gedächtnis an das Leiden des Herrn gefeiert (...), doch das Leiden Christi wird durch das Blut besser zum Ausdruck gebracht als durch den Leib (...), weshalb man eher auf den Empfang des Leibes als auf den des Blutes verzichten müßte«[8]. Zum anderen könnte dieses Prinzip, wonach im Leib auch das Blut schon enthalten ist, strenggenommen dazu führen, daß die Vorstellung aufkommt, eine der beiden Gestalten sei überflüssig und Christus hätte sie besser gar nicht hinzugefügt. »Nun aber«, so erklärt derselbe Heilige, »ist keine der beiden Gestalten überflüssig. Erstens, weil sie dazu dienen, das Leiden Christi, bei dem sein Blut von seinem Leib getrennt wurde, lebhaft zu veranschaulichen; zweitens, weil es dem Wesen dieses Sakraments entspricht, daß den Gläubigen der Leib Christi als Speise und das Blut Christi als Trank getrennt gereicht werden«[9].

Wie man sieht, ist zu dieser Zeit die Bedeutung der Teilhabe am Blut Christi trotz allem im Bewußtsein der Kirche durchaus gegenwärtig. Daß man die Kommunion mit dem Blut Christi dann auf theoretischem wie praktischem Gebiet endgültig aufgab, geschah, wie in so vielen anderen Fällen auch, als Reaktion auf die Positionen der protestantischen Reformatoren. Nicht die Praxis der Kommunion unter beiden Gestalten wurde auf dem Konzil von Trient verurteilt, sondern die theologische Begründung, die ihre Befürworter (die sogenannten Kalixtiner und Utraquisten) vorbrachten, daß nämlich Christus nicht in jeder der beiden Gestalten gegenwärtig sei.[10] Das Konzil hielt sogar die Tür geöffnet für mögliche Zugeständnisse im praktischen Bereich. Erst später, 1621, wurde der Ritus der Kommunion unter beiden Gestalten endgültig abgeschafft – eine weitere traurige Folgeerscheinung der Spaltung unter den Christen. Selbstverständlich beeinträchtigte diese neue Handhabung nicht das Wesen oder die Wirkung des Sakraments, wohl aber die Vollkommenheit und Vollständigkeit des Zeichens. Denn auch weiterhin wurden sowohl das

Brot als auch der Wein konsekriert, und in jeder Messe vollzog zumindest der Zelebrant bei der Kommunion auch die Gemeinschaft mit dem Blut Christi.

In unseren Tagen hat das Zweite Vatikanische Konzil die Möglichkeit der Kommunion unter beiden Gestalten wiedereingeführt: »Unbeschadet der durch das Konzil von Trient festgelegten dogmatischen Prinzipien [der Gegenwart des ganzen Christus in jeder der beiden Gestalten] kann in Fällen, die vom Apostolischen Stuhl zu umschreiben sind, nach Ermessen der Bischöfe sowohl Klerikern und Ordensleuten wie auch Laien die Kommunion unter beiden Gestalten gewährt werden«[11]. Die Kommunion unter beiden Gestalten wird nicht nur erlaubt, sie wird sogar empfohlen. »Die heilige Kommunion« – so ist in einem offiziellen Text zu lesen – »wird zu einem deutlicheren Zeichen, wenn sie unter beiden Gestalten empfangen wird. Denn in dieser Form ist das Zeichen des eucharistischen Mahles leichter erkennbar; es kommen klarer zum Ausdruck: die Absicht, daß der neue und ewige Bund im Blute des Herrn geschlossen werden sollte und die Beziehung zwischen dem eucharistischen Mahl und dem endzeitlichen Mahl im Reiche des Vaters«[12].

Das neue Meßbuch nennt nicht weniger als vierzehn Fälle, in denen es erlaubt ist, den Anwesenden die Kommunion auch aus dem Kelch zu spenden. Zahlreiche Bischofskonferenzen haben noch weitere hinzugefügt, und man darf die Hoffnung hegen, daß vielleicht eines nicht zu fernen Tages alle diejenigen, die es wünschen, am Blut Christi werden teilhaben dürfen. Denn wie lange noch läßt sich eine Praxis aufrechterhalten, die von Messe zu Messe oder innerhalb einer Messe von Person zu Person diskriminierend unterscheidet, ohne daß die Kommunion unter beiden Gestalten selbst zum Zeichen der Diskriminierung statt der Gemeinschaft unter den Gläubigen wird? Es muß gesagt werden, daß in diesem Punkt die praktische Umsetzung nicht über die von der kirchlichen Autorität festgesetzten Normen hinausgegangen, sondern deutlich hinter ihnen zurückgeblieben ist.

Auch eine allgemeine Wiedereinführung der Kommunion unter beiden Gestalten könnte jedoch nur wenig nützen, wenn sie nicht unterstützt würde durch eine katechetische Tätigkeit, die die Bedeutung des Blutes Christi herauszustellen und die Sehnsucht nach ihm wiederzuerwecken vermag. In einem solchen Fall würde man sozusagen das Zeichen (*sacramentum*) wiedereinführen, nicht aber seine Bedeutung, seine Wirklichkeit (die *res sacramenti*). Gerade diese aber ist das Ziel, in dessen Dienst ich den gesamten folgenden Gedankengang stellen möchte. Wir wünschen uns, daß sich auch aus unserem Herzen der Schrei Bahn brechen möge, der sich den Lippen des heiligen Märtyrers Ignatius entrang: »Ich will das Brot Gottes, das das Fleisch Jesu Christi ist, und zum Trank will ich sein Blut, das unvergängliche Liebe ist!«[13] Wir müssen erreichen, daß das »Kostbare Blut« heraustritt aus dem Bereich der »Andachten«, der ihm in vielen Fällen zum Exil geworden ist, und zurückkehrt in den ihm zutiefst eigenen Bereich der Verkündigung und des Sakramentes. Wir müssen erreichen, daß es für uns wieder das wird, was es für Paulus und die anderen Apostel war, die in dem einen Wort »Blut« das gesamte Erlösungswerk und die gesamte Liebe Christi zur Menschheit zum Ausdruck brachten.

2. Das Blut in der Bibel: Bild, Ereignis und Sakrament

Es gibt so etwas wie einen roten Faden oder ein Feuer-Rinnsal, das die Bibel von einem Ende bis zum anderen durchzieht und uns in der Eucharistie erreicht: ich meine das Thema des Blutes. Bei dem Versuch, diesen Faden zu verfolgen, ist uns das zu Beginn dieses Buches erläuterte Schema von Nutzen, wonach die Eucharistie in der gesamten Heilsgeschichte gegenwärtig ist, und zwar als *Bild* im Alten Testament, als *Ereignis* im Leben Jesu und als *Sakrament* in den Zeiten der Kirche. Vor dem Hintergrund dieses Schemas erblicken wir das Blutvergießen Christi zunächst in seiner *prophetischen* Vorwegnahme, dann in seiner *historischen* Wirklichkeit und schließlich in der *sakramentalen* Erneuerung der Eucharistie.

Im Alten Testament sind die großen Bilder für Christi Blut: das Blut des Paschalammes (vgl. Ex 12,7.13), das Blut des Bundes, mit dem Mose das Volk besprengte (vgl. Ex 24,8), und das Blut der Entsühnung, mit dem der Hohepriester am großen Versöhnungstag das Allerheiligste betrat (vgl. Lev 16,1ff.). All diese Bilder verlieren mit dem Erscheinen der Wirklichkeit, dem am Kreuz vergossenen

Blut Christi, nichts von ihrer Bedeutung, im Gegenteil: sie dienen dazu, diese Wirklichkeit zu beschreiben, zu erklären und ihren unbedingten Vorrang vor jeder Präfiguration zu verdeutlichen.

Jesus selbst erinnert in den Einsetzungsworten an jene drei Bilder, indem er Wendungen gebraucht wie »Gedächtnis« (vgl. Ex 12,14), »Blut des Neuen Bundes« und »zur Vergebung der Sünden«. Die apostolische Katechese folgt ihm auf diesem Weg. »Ihr wißt«, so lesen wir im ersten Petrusbrief, »daß ihr aus eurer sinnlosen, von den Vätern ererbten Lebensweise nicht um einen vergänglichen Preis losgekauft wurdet, nicht um Silber oder Gold, sondern mit dem kostbaren Blut Christi, des Lammes ohne Fehl und Makel« (1 Petr 1,18-19). Dies soll als Hinweis auf das Paschalamm genügen. Daneben enthält der Hebräerbrief ein ganzes Kapitel, in dem er in Abgrenzung zu den alten Riten von Christi Blut als der Grundlage des Neuen und Ewigen Bundes und der Vergebung der Sünden spricht. *»Nicht mit dem Blut von Böcken und jungen Stieren, sondern mit seinem eigenen Blut ist Christus ein für allemal in das Heiligtum hineingegangen, und so hat er eine ewige Erlösung bewirkt«* (vgl. Hebr 9,12).

Auch in der Folgezeit bilden die Bilder des Alten Testaments den Rahmen, in dem sich die umfassende Katechese der Väter entwickelt. Einer von ihnen schreibt als Kommentar zu Exodus 12,13 (»Wenn ich das Blut sehe, werde ich an euch vorübergehen«): »Du, o Jesus, hast uns wahrhaftig beschützt vor dem großen Untergang. Väterlich hast du die Arme ausgebreitet und uns im Schatten deiner Flügel verborgen, als du aus Liebe zu den Menschen dein göttliches Blut über die Erde vergossen hast zu blutigem Trankopfer«[14].

Dieses aus Bildern und Wirklichkeit zusammengesetzte Ganze erreicht uns heute, so habe ich es ausgedrückt, wie ein Feuer-Rinnsal im Sakrament der Eucharistie – doch mit einer wichtigen Neuerung, die gerade für das Sakrament kennzeichnend ist: an der Stelle der Wirklichkeit, des Blutes, steht das Zeichen, der Wein. Der Wein ist dem Blut verwandt, er ist das »Blut der Trauben« (Dt 32,14). »Er macht es möglich, die vom Blut hervorgerufene natürliche Abscheu zu vermeiden, und läßt doch den Kaufpreis der Erlösung in seiner Wirkung unversehrt«[15]. Nicht nur das: die Bedeutungsübertragung vom Blut auf den Wein macht letztlich auch die Worte Jesu verständlich: »Mein Blut ist wahrhaft ein Trank«; ferner deutet sie hin auf den »neuen Wein« vom »wahren Weinstock«, das heißt auf den Neuen Bund und den Heiligen Geist; sie greift das Thema der Freude und der geistigen Trunkenheit wieder auf (vgl. Ps 23,5; 104,15) und macht somit die Eucharistie zu einer Vorwegnahme des eschatologischen Mahles im Reich Gottes (vgl. Mk 14,25).

»Der Heilige Geist«, schreibt der heilige Cyprian, »geht nicht stillschweigend über das Geheimnis dieses Blutes hinweg; denn in den Psalmen sagt er: ›Dein berauschender Becher, wie ist er wunderbar!‹ (vgl. Ps 23,5). Die vom Kelch des Herrn und von seinem Blut verursachte Trunkenheit ist nicht wie die des gewöhnlichen Weines. Der Kelch des Herrn berauscht in einer Weise, die die Gemüter ernüchtert und sie zur geistigen Weisheit führt. Und während der gewöhnliche Wein den Geist löst und die

Seele entspannt, indem er alle Traurigkeit zerstreut, verscheucht das Blut des Herrn und der Kelch des Heiles die Erinnerung an den alten Menschen, macht die Gewohnheiten einer vergangenen Zeit vergessen und vertreibt die Traurigkeit, die sich wegen der Sünden in unseren Herzen angesammelt hat, mit der Freude über die göttliche Vergebung«[16]. Und genau das ist gemeint, wenn wir noch heute mit den Worten eines bekannten eucharistischen Gebets bitten: »Blut Christi, berausche mich!«

Die mystagogische Katechese bedarf der Poesie, um sich vollends auszudrücken, weil sie selbst eine erhabene Form der Poesie ist, die die Geheimnisse des Glaubens nicht »erforscht«, sondern »besingt«. Hören wir also einen großen katholischen Dichter, der das »Kostbare Blut« in seiner eucharistischen Gestalt besingt, und lassen wir uns mitreißen von seiner »ekstatischen« Begeisterung:

»Dieses Blut, das er von Maria empfangen hat,
Und die Wärme seines eigenen Herzens,
Dieses Blut, das er mit ihr gemeinsam hatte,
Wird nun in uns hineingegossen im
lichterfüllten Schlummer
Der sakramentalen Trunkenheit!...
Das, was wir mit unseren Händen emporheben,
ist nicht bloß ein Kelch aus Gold,
Es ist das gesamte Opfer vom Kalvarienberg!...
Die ganze Erlösung, wie ein Gefäß, das sich zu
uns herabneigt,
Wie die fünf Ströme des Paradieses...
Mit unseren Lippen kosten wir
das andere Leben«[17].

Aus den fünf Wunden Christi am Kreuz entspringen die Ströme, die das neue Paradies, die Kirche, bewässern (vgl. Gen 2,10). Dank der Eucharistie werden wir zu »Blutsverwandten Christi«[18] und in weiterem Sinn auch zu Blutsverwandten Mariens. Was wir im *Ave verum* vom Leib Christi sagen, können wir mit gleichem Recht auch von seinem Blut sagen: »Sei gegrüßt, du wahres Blut, geboren von der Jungfrau Maria…«

An dieser Stelle könnte man sich spontan die Frage stellen: warum so viel Aufhebens um eine so materielle Wirklichkeit wie das Blut, das in gewisser Hinsicht dem Menschen geradezu abstoßend erscheint aufgrund der Assoziationen von Leid und Gewalt, die es hervorruft? Was rechtfertigt es, ihm einen so hohen Stellenwert in der biblischen Religiosität einzuräumen? Die Antwort auf diese Frage ist, daß das Blut, auch das Blut Christi, in der Bibel nicht um seiner selbst willen, in seiner rohen, physischen Wirklichkeit, von Interesse ist. Für den Menschen des Altertums ist das Blut vielmehr der Sitz des Lebens, also des Kostbarsten und Heiligsten, was wir auf Erden besitzen. Deshalb ist das Vergießen des Blutes (wenn es sich wie bei Jesus um das eigene Blut handelt und nicht um das eines anderen Menschen oder das von Tieren) das Zeichen einer Liebe, wie sie größer nicht sein kann (vgl. Joh 15,13). »Es war nicht der Tod des Sohnes, der dem Vater gefiel, sondern seine Bereitschaft, aus freiem Willen für uns zu sterben«[19]. Das Blut ist Zeichen eines Gehorsams dem Vater gegenüber und einer Liebe zu uns, die bis in den Tod gehen. Christus »liebt uns und hat uns von unseren Sünden erlöst durch sein Blut« (Offb 1,5). Ein Autor nennt das eucharistische Blut Jesu den »furchtbaren Kelch der Liebe«[20] und stellt uns so mit zwei Worten die Eucharistie vor Augen als ein Geheimnis der liebevollen Herablassung und bedingungslosen Transzendenz zugleich, als ein Geheimnis, das, wie Gott selbst, »furchteinflößend und faszinierend« ist.

Eine große, von besonderer Liebe zum Blut Christi erfüllte Heilige, Katharina von Siena, schrieb an ihren Beichtvater: »Versenkt euch im Blut des gekreuzigten Christus, und badet euch im Blut, und berauscht euch am Blut (…) und kleidet euch mit dem Blut. Und wenn ihr untreu geworden seid, tauft euch von neuem im Blut; wenn der Dämon euch das Auge der Erkenntnis getrübt hat, wascht euch das Auge im Blut; wenn ihr undankbar gewesen seid für nicht anerkannte Gaben, so werdet dankbar im Blut (…). In der Hitze des Blutes sollt ihr die Lauheit verscheuchen, und im Licht des Blutes soll die Finsternis schwinden und sollt ihr Bräutigam der Wahrheit sein«[21]. Manch einer, der diese feurigen Worte liest, könnte die sanftmütige Katharina für blutrünstig halten; doch man muß nur dort, wo »Blut Christi« steht, »Liebe Christi« lesen, und sofort wird alles klar verständlich.

Wir müssen uns jedoch davor hüten, das Blut Christi als ein bloßes Symbol zu betrachten, und sei es auch für eine so große Wirklichkeit wie die Liebe. Als »Symbol« bezeichnet man etwas, das von sich aus die Erinnerung an etwas anderes wachruft, eine materielle Wirklichkeit, die für eine spirituelle steht. Doch das Blut Christi steht nicht nur für eine spirituelle Wirklichkeit – seine Liebe und seinen Gehorsam –, es steht vielmehr für ein ganz bestimmtes Ereignis, das sich in Raum und Zeit zugetragen hat: *Christus ist ein für allemal in das Heiligtum hineingegangen (...) mit seinem eigenen Blut, und so hat er eine ewige Erlösung bewirkt* (Hebr 9,12). Daher rührt seine einzigartige und transzendente Kraft. Es ist Zeichen und zugleich Erinnerung. Es stellt nicht nur eine vertikale Beziehung zwischen einer sichtbaren und einer unsichtbaren Wirklichkeit her, sondern auch, auf historischer Ebene, eine horizontale Beziehung zwischen dem gegenwärtigen Zeichen und dem vergangenen Ereignis. Es ist für uns eine direkte, wenn auch sakramentale, Verbindung zu Christi Tod. Das Blut Christi ist der ganzen Bibel als leuchtendrotes Siegel aufgedrückt. Es bezeugt, daß »alles vollbracht« ist.

3. »Alle wurden wir mit dem einen Geist getränkt«

Der heilige Paulus sagt, Gott habe Jesus dazu bestimmt, ein Werkzeug der Sühne zu sein *mit seinem Blut* und *wirksam durch Glauben* (Röm 3,25). Es könnte also so scheinen, als biete der Glaube, nicht das Sakrament, Zugang zu der geheimnisvollen Macht des Blutes Christi. Die Wahrheit ist, daß sie beide notwendig sind und nicht in einen Gegensatz zueinander gebracht, sondern miteinander verbunden werden müssen. In der Tat führt der Weg über den Glauben, doch der Glaube findet seine konkrete und vollkommene Verwirklichung eben im Sakrament, das heißt in der Eucharistie. Hier erneuert sich jedesmal das Wunder der »unverdienten Rechtfertigung durch den Glauben«. Vor deinen Augen wird das Blut des Neuen Bundes geweiht und emporgehoben, so wie die Schlange in der Wüste erhöht wurde (vgl. Joh 3,14). Du glaubst, daß dies dasselbe Blut ist, das für dich am Kreuz vergossen wurde; du erinnerst dich der Worte: *Das Blut seines Sohnes Jesus reinigt uns von aller Sünde* (1 Joh 1,7). Darum wirf alle deine Sünden in das Blut hinein, so wie man Steine in einen Ofen mit ungelöschtem Kalk wirft, damit sie gänzlich zertrümmert werden, und dann kehre wie der Zöllner jedesmal »gerechtfertigt« (Lk 18,14) nach Hause zurück, das heißt als einer, der Vergebung erlangt hat und zu einer neuen Schöpfung gestaltet wurde.

Manchmal, wenn ich nach der Konsekration den Kelch emporhebe, verspüre ich das Bedürfnis, eine Weile in dieser Haltung zu verharren. Wenn ich von besonders schweren Situationen des Streites oder der Schuld weiß, dann rufe ich im Geiste die Macht des Blutes Christi auf die Betroffenen herab in der Überzeugung, daß nichts der drohenden Gefahr der Finsternis und des Bösen besser Einhalt zu gebieten vermag. Wenn der Würgeengel – so hat Johannes Chrysostomus gesagt –, der nur das Bild dieses Blutes an den Türpfosten der Israeliten sah, davor zurückschrak und ihre Häuser nicht betrat, um sie zu schlagen (vgl. Ex 12,23), um wieviel weiter wird dann der Dämon, der die *Wirklichkeit* erblickt, vor ihr flüchten?[22]

Schon die Kommunion mit dem Leib Christi vermag uns all diese Gnade zu schenken, wenn mit ihr ein lebendiger Glaube an das Blut Christi einhergeht. In jedem Fall aber ist die Teilhabe an seinem Kelch der angemessenere Weg – und Christus selbst hat ihn uns gewiesen –, um sie zu erreichen, denn »indem sie sie darstellt, bewirkt sie sie«, wie es von jedem sakramentalen Zeichen heißt. Im Hebräerbrief lesen wir, daß *das Blut Christi unser Gewissen von toten Werken reinigen wird* (Hebr 9,14). Die Sünden lagern sich auf dem Grund unseres Gewissens ab wie tote Körper. Welche Erleichterung, wenn wir entdecken, daß es ein Mittel gibt, sich von dieser bedrückenden Last zu befreien, und daß dieses Mittel uns im eucharistischen Sakrament immer zur Verfügung steht! »Wenn das Blut jedesmal, wenn es vergossen wird, zur Vergebung der Sünden vergossen wird, muß ich es stets empfangen, damit es stets meine Sünden nachläßt. Ich, der ich immer sündige, muß immer über das Heilmittel verfügen«[23].

Doch das Blut Christi hat nicht nur diese sozusagen negative Wirkung, daß es die Sünden hinwegnimmt, sondern auch eine in höchstem Maße positive: uns wird der Heilige Geist geschenkt. »Durch das für uns vergossene Blut«, so schreibt ein antiker Autor, »empfangen wir den Heiligen Geist. Blut und Geist wurden miteinander verbunden, damit wir durch das Blut, das zu unserer Natur gehört, den Heiligen Geist empfangen könnten, der über unserer Natur steht«[24]. Aufgrund seiner Farbe und seiner Temperatur hat das Blut, wie im übrigen auch sein Zeichen, der Wein, eine gewisse Ähnlichkeit mit dem Feuer (»flüssiges Feuer« werden beide zuweilen genannt!), und das Feuer seinerseits erinnert an den Heiligen Geist: »Wir trinken den Kelch der Freude, das lebendige und feurige Blut, erfüllt von der Glut des Geistes«, so lesen wir in einer der ältesten Osterpredigten.[25] »Ich gebe euch einen Wein zu trinken« – diese Worte legt der heilige Ephräm Jesus in den Mund – »in dem sich Feuer und Geist vermischen«[26].

Diese Idee ist in ihrer Formulierung beeinflußt von der zeitgenössischen stoischen Auffassung, die das Blut als Sitz und gewissermaßen Träger des Pneuma im menschlichen Körper betrachtete, aber inhaltlich stammt sie aus der Bibel. Johannes sah eine enge Verbindung zwischen dem Geist, den Jesus am Kreuz »aushaucht«, und dem Wasser und dem Blut, das gleich darauf aus seiner Seite fließt (vgl. Joh 19,30.34), und so bezieht er sich in seinem ersten Brief auf dieses Geschehen und schreibt: *Drei sind es, die Zeugnis ablegen: der Geist, das Wasser und das Blut* (1 Joh 5,7). In dem Satz: *Alle wurden wir mit dem einen Geist getränkt* (1 Kor 12,13) stellt der heilige Paulus zwischen dem eucharistischen Trank und dem Heiligen Geist dieselbe Verbindung her. Und das Wasser, das aus dem Felsen hervorquoll (vgl. Ex 17,5f), kommentiert er so: *Sie tranken aus dem lebenspendenden Felsen (...). Und dieser Fels war Christus* (1 Kor 10,4). Auch das Volk der Christen hat also einen solchen »lebenspendenden Felsen«, der ihm den »geistigen Trank« spendet, der der Heilige Geist selber ist. Ein Fels, der »mit ihnen zieht«, sie durch die Geschichte hindurch begleitet, und zwar gerade dank der Eucharistie. »Ihnen quoll Wasser aus dem Felsen, dir das Blut Christi; ihnen stillte das Wasser den

Durst für eine gewisse Zeit, dich wäscht das Blut in Ewigkeit«[27]. Deshalb gibt es keinen sichereren Weg, um den Heiligen Geist zu empfangen, als die gläubige Kommunion mit dem Blut Christi.

Was soll man also tun, damit dem Blut Christi in der Theologie und in der eucharistischen Frömmigkeit wieder der Stellenwert eingeräumt wird, der ihm zusteht? Neben der Wiederentdeckung der Bedeutung des Blutes in der Bibel und der immer verbreiteteren Praxis der Kommunion unter beiden Gestalten kämen auch noch einige kleine, konkrete Zeichen in Betracht, die (mit Genehmigung der zuständigen Autorität) den Gläubigen helfen könnten, die Eucharistie als das Sakrament des Leibes und des Blutes Christi zugleich zu begreifen. Beispielsweise wäre es denkbar, bei der Meßfeier zuweilen einen durchsichtigen Kelch aus Glas oder Kristall zu verwenden, so daß die Gemeinde mit eigenen Augen das Blut des Herrn anschauen kann, so wie sie in der Hostie seinen Leib anschaut; oder bei besonderen Anlässen den Leib und das Blut Christi zur eucharistischen Anbetung auszusetzen, oder auch nur das Blut, um daran zu erinnern, daß auch im Blut Christus ganz zugegen ist; oder am Fronleichnamsfest nicht nur den Leib, sondern auch das Blut des Herrn in der Prozession mitzuführen... Gewiß bringt die Aufbewahrung des Weines größere Schwierigkeiten mit sich als die des Brotes, aber es würde sich ja nicht darum handeln, ihn auf unbegrenzte Zeit aufzubewahren, sondern nur für bestimmte Gelegenheiten.

Ich sagte, daß das »Kostbare Blut« aus dem Bereich der Andachts-Frömmigkeit wieder mit größerer Entschiedenheit in den Bereich der Verkündigung und des Sakraments zurückgeführt werden muß. Doch das heißt keineswegs, daß wir auch nur irgend etwas von dem verwerfen sollen, was diese Frömmigkeit in den vergangenen Jahrhunderten an Wertvollem und Herausragendem in der Kirche hervorgebracht hat. Im Gegenteil: gemeint ist, daß wir alledem nun eine solide dogmatische Basis zugrunde legen müssen. Der Glaube schließt die Devotion nicht aus, sondern er ruft sie hervor, besonders wenn es sich um die Devotion im strengen Sinne handelt, die Gott allein zukommt. Auch den zahllosen religiösen Instituten, die in den letzten Jahrhunderten gegründet wurden und den Namen des Kostbaren Blutes tragen, kann dies helfen, die Schönheit des eigenen Charismas zu entdecken und es immer mehr in Übereinstimmung mit der erneuerten biblischen und liturgischen Sensibilität unserer Zeit zu leben.

Zum Schluß dieses Kapitels wollen wir uns die Worte zu eigen machen, mit denen schon Generationen von Gläubigen vor uns ihrer brennenden Sehnsucht nach dem Blut Christi Ausdruck verliehen haben:

»Gleich dem Pelikane starbst du, Jesu mein;
wasch in deinem Blute mich von Sünden rein.
Schon ein kleiner Tropfen sühnet alle Schuld,
bringt der ganzen Erde Gottes Heil und Huld.«[28]

Jedesmal, wenn wir nach dem Empfang der Kommunion an unseren Platz zurückkehren, insbesondere, wenn wir sie auch unter der Gestalt des

Weines empfangen haben, sollte in unserem Innern jenes so faszinierende und warnende Schriftwort nachklingen: *Ihr seid hingetreten zum Mittler eines neuen Bundes, zum Blut der Besprengung, das mächtiger ruft als das Blut Abels* (vgl. Hebr 12,22.24).

FÜNFTES KAPITEL

»Tut dies zu meinem Gedächtnis«

Die Eucharistie bildet die Kirche durch Kontemplation

Bisher habe ich zu zeigen versucht, wie die Eucharistie durch Konsekration und durch Kommunion die Kirche bildet. In dieser Meditation nun will ich darauf zu sprechen kommen, daß die Eucharistie die Kirche auch noch auf eine andere Weise bildet, nämlich durch Kontemplation.

Eucharistie und Kontemplation sind zuweilen als zwei verschiedene, gleichsam parallel verlaufende Wege zur christlichen Vollkommenheit aufgefaßt worden. Der erste ist bekannt als der Weg des *Mysteriums* oder der objektive Weg, der den Sakramenten (den Mysterien) und insbesondere der Eucharistie den Vorrang gibt; der zweite als der *mystische* oder subjektive Weg, der vor allem über die Kontemplation führt. Man hat in diesem Zusammenhang eine gewisse Unterschiedlichkeit zwischen patristischer und neuzeitlicher Epoche sehen wollen, zwischen orthodoxer und westlicher Spiritualität. Die patristische Spiritualität, die die Orthodoxie treuer bewahrt habe, stütze sich eher auf die Mysterien; die westliche dagegen gründe sich unter dem Einfluß einiger großer Mystiker der Neuzeit in stärkerem Maße auf die Kontemplation oder – wie es eine von ihnen, die heilige Theresia von Avila, ausdrückt – auf das Leben des Gebetes.

Wie auch immer die Dinge sich tatsächlich verhalten mögen (die Wirklichkeit ist immer weitaus komplexer als solche Schemata), ich halte den Moment für gekommen, diese beiden Wege in Übereinstimmung zu bringen, oder besser, die Übereinstimmung wiederzuentdecken, die über diesen Punkt bis an die Schwelle der Neuzeit geherrscht hat und die dann aus verschiedenen Gründen verlorengegangen ist. In dieser vereinheitlichenden Sicht sind die Sakramente und das Leben des Gebetes nicht zwei Alternativen, zwei verschiedene »Wege« zur Heiligkeit, sondern eng miteinander verbunden und wechselseitig voneinander abhängig. Natürlich ist es das Leben aus den Sakramenten, das allem anderen zugrunde liegt, es sind die »Mysterien«, die die unmittelbare und objektive Verbindung herstellen zwischen uns und der Erlösung, die Gott durch Christus Jesus ein für allemal bewirkt hat. Doch sie allein genügen nicht, um uns auf dem spirituellen Weg fortschreiten zu lassen; das Leben aus den Sakramenten muß von innen her durch ein Leben der Kontemplation ergänzt werden. Denn die Betrachtung ist der Weg, auf dem wir die Mysterien erst eigentlich »empfangen«, der Weg, auf dem wir sie verinnerlichen und uns ihrer Wirkung öffnen; sie ist das, was den Mysterien auf der existentiellen und subjektiven Ebene entspricht; durch sie wird es der in den Sakramenten empfangenen Gnade möglich, unser Inneres zu formen – unsere Gedanken, unsere Gefühle, unseren Willen, unsere Erinnerung.

Erst wenn wir uns das göttliche Leben, das mit den Sakramenten in uns hineingelegt worden ist, durch die Kontemplation wirklich zu eigen machen, wird es ganz konkret auch in unseren Handlungen Ausdruck finden, das heißt in der Übung der Tugenden und insbesondere der Liebe. So, wie es keine menschliche Handlung gibt, die nicht von einem Gedanken her ihren Ausgang nimmt (und wenn es sie gibt, dann ist sie völlig wertlos oder in hohem Maße gefährlich), so gibt es auch keine christliche Tugend, die nicht aus der Kontemplation hervorgeht. Der heilige Gregor von Nyssa schreibt: »Drei Bestandteile sind es, die das christliche Leben kenntlich machen und auszeichnen: das Werk, das Wort und der Gedanke. An erster Stelle unter ihnen steht der *Gedanke*, dann kommt das *Wort*, welches das, was im Geist ersonnen worden ist, in Begriffen erschließt und ausdrückt; schließlich, an dritter Stelle, befindet sich das *Werk*, welches das, was man gedacht hat, in Taten übersetzt. Die Vollkommenheit des christlichen Lebens besteht darin, Christus ganz gleich zu werden, zunächst im inneren Bereich des Herzens, sodann im äußeren Bereich des Handelns«[1].

Die Kontemplation ist somit der unumgängliche Weg, um von der Kommunion mit Christus in der Messe überzugehen zur Imitation Christi im Leben. Wie man also von einer allgemeinen Berufung aller Getauften zur Heiligkeit spricht[2], so muß man auch von einer allgemeinen Berufung aller Getauften zur Kontemplation sprechen. Der Weg der christlichen Vollkommenheit führt von den Mysterien zur Kontemplation und von der Kontemplation zur Aktion.

Gemeinsam bilden diese drei Bestandteile einen einzigen Weg zur Heiligkeit, der infolge der unermeßlichen Gnade Gottes und der frei antwortenden Willensentscheidung des Menschen allen Getauften offensteht. Der »Vorrang der Kontemplation« vor der Aktion will nicht besagen, daß die Betrachtung »größer« ist als die Übung der Tugenden und des aktiven Lebens, sondern daß sie »zuerst« kommt, daß sie die Quelle des Handelns ist. Und das gilt insbesondere dann, wenn wir von einer bestimmten Art des kontemplativen Lebens sprechen, die allen offen steht und allen möglich ist.

1. Das ständige Gedächtnis Christi

Sobald wir es unternehmen, diese auf die Mysterien bezogenen allgemeinen Vorbemerkungen näher auf die Eucharistie anzuwenden, entdecken wir sofort, wie wichtig und aktuell sie sind. Denn aus ihnen ergibt sich, daß es, um Christus gleich zu werden, nicht genügt, seinen Leib zu essen und sein Blut zu trinken; ebenso notwendig ist es, dieses Geheimnis zu betrachten. Eucharistie und Inkarnation haben große Ähnlichkeit miteinander. Bei der Menschwerdung, so schreibt der heilige Augustinus, »empfing Maria das Wort im Geiste, ehe sie es im Leib empfing« (*prius concepit mente quam corpore*). Ja er fügt sogar hinzu, daß es ihr nichts genützt hätte, Christus in ihrem Schoße zu tragen, hätte sie ihn nicht auch liebend in ihrem Herzen getragen.[3]

Maria war also nach der Inkarnation nicht nur in ihrem Leib, sondern auch in ihrem Geist von Jesus erfüllt; sie war von Jesus erfüllt, weil sie an Jesus dachte, weil sie Jesus erwartete (und wie sie ihn erwartete!), weil sie Jesus liebte. Wie jede Frau, die ein Kind »erwartet«, aber in weit vollkommenerem Maße, war sie ganz in sich selbst versunken. Ihre Augen schauten mehr nach innen als nach außen, weil dort, in ihrem Innern, ihr Schatz verborgen war, weil sie in ihrem Innern ihr süßes Geheimnis trug, das sie in sprachloses Staunen versetzte. *Maria aber*, so steht im Lukasevangelium geschrieben, *bewahrte alles, was geschehen war, in ihrem Herzen und dachte darüber nach* (Lk 2,19). Dadurch erscheint sie uns als vollkommenstes Vorbild dessen, was wir unter eucharistischer Kontemplation verstehen: genauso muß sich der Christ verhalten, der Jesus soeben in der Eucharistie empfangen hat. Auch er muß Christus, nachdem er ihn in seinen Leib aufgenommen hat, ebenso in seinen Geist aufnehmen (Empfängnis ist ja ein in sich Aufnehmen). Und Christus im Geist aufnehmen bedeutet ganz konkret, an ihn zu denken, den Blick auf ihn zu richten, sich seiner zu erinnern. Genau das ist das Schlüsselwort unserer heutigen Meditation: uns an Christus erinnern, sein Gedächtnis halten.

Bei der Einsetzung der Eucharistie hat Christus dieses Wort geheiligt; er sprach: *Tut dies zu meinem Gedächtnis* (Lk 22,19). »Gedächtnis« – das ist die Kategorie, die die Eucharistie ideell mit dem jüdischen Pascha verbindet, das ja, wie man weiß, ebenfalls ein Gedenken war (vgl. Ex 12,14). Seine Bedeutung ist derartig, daß der heilige Paulus in seinem Einsetzungsbericht jenen Auftrag Jesu sogar zweimal erwähnt. Und er erklärt auch, was dieses Gedächtnis Jesu beinhaltet: *Denn sooft ihr von diesem Brot eßt und aus dem Kelch trinkt, verkündet ihr den Tod des Herrn* (1 Kor 11,26). Es beinhaltet den Tod Christi.

Das eucharistische Gedenken hat eine zweifache Dimension oder Bedeutung: eine, die auf Gott, und eine, die auf den Menschen bezogen ist; wir können daher von einer theologischen und einer anthropologischen Dimension sprechen. In *theologischer* Hinsicht besteht das Gedenken darin, Jesus dem Vater ins Gedächtnis zu rufen – wir bitten den Vater, dessen zu gedenken, was Jesus für uns getan hat, damit er uns aus Liebe zu ihm vergibt und uns hilft. Mit anderen Worten: wir erinnern den Vater an Jesus, damit er sich an uns erinnert. J. Jeremias hat jenes Wort Jesu so erklärt: »Tut dies, damit der Vater meiner gedenkt«. Wenn die Israeliten des Alten Testamentes sich in Augenblicken großer Not an Gott wandten, riefen sie: »Erinnere dich Abrahams, unseres Vaters, erinnere dich an Isaak, an Jakob«; in einem Psalm heißt es: *O Herr, denk an David, denk an all seine Mühen* (Ps 132,1). Doch wir, das Volk des Neuen Bundes, können in viel wirkungsvollerer Weise zu Gott rufen, wir können ihm sagen: Denk an Jesus, deinen Sohn, und an sein Opfer! Dafür gibt uns die Liturgie der Kirche ein Beispiel. Die eucharistischen Gebete der Messe – insbesondere das Vierte Hochgebet – sind nichts anderes als eine *Anamnese*, das heißt, sie erinnern den Vater an Jesus. In wunderschöner kindlicher Einfalt erzählen sie (als ob der Vater es nicht wüßte!), was sein Sohn sagte, und was er für uns tat, als er noch auf Erden weilte: »Er ist Mensch geworden... Er hat sich dem Tod überliefert... Er hat von dir, Vater, als erste Gabe für alle, die glauben, den Heiligen Geist gesandt... Da er die Seinen liebte, die in der Welt waren, liebte er sie bis zur Vollendung. Und als die Stunde kam, da er von dir verherrlicht werden sollte, nahm er beim Mahl das Brot...« Auch die eigentlichen Konsekrationsworte haben erzählenden Charakter, auch sie erstatten dem Vater Bericht über das, was Jesus sagte, als er das Brot nahm und es für uns brach. Und erst, nachdem der Vater ausführlich an Jesus erinnert worden ist, bitten wir ihn, er möge auch an uns denken: »Herr, gedenke aller, für deren Heil wir das Opfer darbringen«; »Gedenke deiner Kirche«.

In *anthropologischer* oder existentieller Hinsicht besteht das eucharistische Gedenken nicht mehr darin, Jesus dem Vater ins Gedächtnis zu rufen, sondern uns selbst: wir selbst erinnern uns an ihn. Viele Jahrhunderte lang war im »Römischen Kanon« das erste Gebet, das der Priester nach der Konsekration sprach, das *Unde et memores*: »Darum, gütiger Vater, feiern wir, deine Diener und dein heiliges Volk, das Gedächtnis deines Sohnes, unseres Herrn Jesus Christus. Wir verkünden sein heilbringendes Leiden, seine Auferstehung von den Toten und seine glorreiche Himmelfahrt...«[4] Wir müssen uns wieder neu bewußt werden, welche unermeßliche spirituelle Macht in diesem Gedenken Jesu verborgen liegt. Wir müssen es in diesem Land der Pilgerschaft zur Quelle unserer Freude und Kraft machen. »Süß ist das Gedächtnis Jesu, das dem Herzen die wahre Freude schenkt«, heißt es in einem alten liturgischen Gesang, der auf den heiligen Bernhard zurückgeht.[5] Wir müssen dahin gelangen, zu Jesus das zu sagen, was Jesaja im Alten Testament zu Gott sagte: *Deinen Namen anzurufen und an dich zu denken ist unser Verlangen* (Jes 26,8). Eine Erinnerung, die uns in den Sinn kommt, hat die Macht, unsere ganze innere Welt aus den Angeln zu heben und mit sich fortzureißen auf den Gegenstand der Erinnerung zu – vor allem dann, wenn es sich nicht um eine Sache, sondern um eine Person, um einen geliebten Menschen handelt. Wenn eine Mutter an ihr Kind denkt, das sie wenige Tage zuvor zur Welt gebracht und nun zu Hause gelassen hat, dann eilt sie innerlich zu ihm, ihr Mutterherz strömt über vor Zärtlichkeit, und ihre Augen füllen sich mit Tränen. Dasselbe, freilich in mehr geistiger Weise, widerfährt den Heiligen, wenn sie an Gott denken, und so heißt es auch in einem Psalm: *Ich denke an dich auf nächtlichem Lager und sinne über dich nach, wenn ich wache (…); jubeln kann ich im Schatten deiner Flügel* (Ps 63,7f.).

Die Erinnerung ist eine der geheimnisvollsten und großartigsten Fähigkeiten des menschlichen Geistes. Alles, was wir von frühester Jugend an gesehen, gehört, gedacht und getan haben, ist aufgehoben in dieser immensen »Höhle«, die doch keinerlei Raum beansprucht, bereit, auf einen Wink des Willens hin zu neuem Leben zu erwachen und ans Licht zu treten. Der heilige Augustinus hat sehr schöne Dinge über das Gedächtnis geschrieben, das für ihn sogar Zeichen und Spur der Dreifaltigkeit war: »Groß ist die Macht meines Gedächtnisses, gewaltig groß, o mein Gott, ein Inneres, so weit und grenzenlos. Wer kann ihm auf den Grund kommen? Es ist in gewisser Weise schwindelerregend (...). Seit dem Tage, da ich dich kennenlernte, wohnst du in meinem Gedächtnis, und dort finde ich dich, sooft ich deiner gedenke, und freue mich in dir«[6]. Gott, den alle Himmel nicht fassen können, ist eingeschlossen in diesem Tempel des menschlichen Gedächtnisses! Das lateinische Wort für erinnern ist *recordari* und bedeutet wörtlich, von neuem (*re-*) aufsteigen lassen zum Herzen (*cor*). Es handelt sich also nicht nur um eine Aktion des Verstandes, sondern auch um eine des Willens und des Herzens; in seiner spirituellen Bedeutung heißt sich erinnern, in Liebe an etwas denken. Jesus führt die Tatsache, daß wir uns an ihn erinnern können, sogar auf das Wirken des Heiligen Geistes zurück (vgl. Joh 14,26).

Die Kirchenväter, vor allem die griechischen, haben in Anknüpfung an das in der Liturgie aufgegriffene Wort Jesu: *Tut dies zu meinem Gedächtnis* eine eigene, sehr reiche eucharistische Frömmigkeit entfaltet. Für sie ist der spirituelle Gewinn aus der Eucharistie nichts anderes als das fortwährende Gedächtnis Jesu. Denn durch dieses ständige Gedenken nimmt Gott Wohnung in der Seele des Gläubigen und macht sie zu seinem Tempel. Nach der Auffassung des heiligen Basilius beabsichtigte Jesus mit der Einsetzung der Eucharistie einzig und allein, »daß wir uns, indem wir seinen Leib essen und sein Blut trinken, immer an ihn, der für uns gestorben und auferstanden ist, erinnern sollten«[7].

Diese Väter betonen jedoch vor allem eines: um eine wirkliche Umwandlung unseres Herzens zu erreichen, muß die Betrachtung der Mysterien »beharrlich« sein. »Der gnadenvolle Schmerz entsteht aus der Liebe zu Christus, und die Liebe entsteht aus den Gedanken, die Christus und seine Liebe zu den Menschen zum Gegenstand haben; deshalb ist es eine große Hilfe, solche Gedanken in der Erinnerung zu bewahren, sie in der Seele zu hegen und von dieser Beschäftigung niemals abzulassen. Es ist darüber hinaus nützlich zu versuchen, diese Übung unablässig fortzusetzen, ohne sich von irgend etwas unterbrechen zu lassen, möglichst das ganze Leben hindurch oder zumindest sehr häufig, so daß diese Gedanken sich der Seele einprägen und das Herz ganz in Besitz nehmen. Wie das Feuer auf die Gegenstände, die es berührt, keinerlei Wirkung ausüben kann, wenn der Kontakt nicht andauert, so kann ein flüchtiger Gedanke im Herzen keine Leidenschaft entfachen; es bedarf einer gewissen Zeit, lang und beständig«[8].

Wir müssen also zu erreichen versuchen, daß das Gedächtnis Jesu in unser Denken eindringt und es durchströmt, wie der Honig die Waben. Das ist keineswegs unmöglich und auch nicht außerhalb der gewöhnlichen Reichweite der Christen. Viele – auch in der Welt lebende – Gläubige haben dies in ihrer Seele erfahren, zumindest für einen längeren Zeitabschnitt. (Freilich kann man nicht verlangen, in diesem Leben in den dauerhaften und unveränderlichen Besitz dieses fortwährenden Gedenkens zu gelangen.) Dabei ist es vor allem in der Anfangszeit hilfreich, leise vor sich hin oder auch nur im Geiste immer wieder ein Wort zu wiederholen, etwa eine fortwährende Anrufung des Namens Jesu.

Die Wirkung dieses so einfachen Mittels ist schier unglaublich. Das liegt daran, daß der Name Jesu nicht einfach ein »Name« ist; er umschließt das Geheimnis und die Macht der Person Christi. Die Anrufung des Namens Jesu dient vor allem dazu, stolze, selbstgefällige, zornige oder unreine Gedanken im Keim zu ersticken und im Gegenzug den guten Gedanken größere Kraft zu verleihen. Es genügt, wenn man lernt, die eigenen Gedanken so zu beobachten, als wären es die eines anderen Menschen, und ihnen in ihrer Entwicklung sozusagen zuvorzukommen. Wenn ein Gedanke in uns entsteht, erkennen wir sofort, welche Richtung er nimmt: ob er zu Gott führt oder zu uns, ob er dem Ruhm Gottes oder unserem Ruhm gewidmet ist. Falls letzteres zutrifft, hilft das wiederholte Aussprechen des Namens Jesu, wenn es im Glauben an die Macht des Herrn geschieht, den Faden des bösen oder unnützen Gedankens zu »kappen« und zugleich in uns ein wenig von der Gesinnung zu schaffen, die »dem Leben in Christus Jesus entspricht« (Phil 2,5). Auf diese Weise wird es dem Menschen zur Gewohnheit, »das im Sinn zu haben, was Gott will, und nicht, was die Menschen wollen« (vgl. Mt 16,23), und sein Herz wird »rein«. Denn das, was unser Herz unrein macht, ist vor allem die Selbstsucht, das Trachten nach unserem eigenen Ruhm. Doch wenn der Mensch Gott betrachtet, dann ist es, als kehre er sich selbst den Rücken: er ist gezwungen, sich zu vergessen, sich selbst aus den Augen zu verlieren. Wer betrachtet, betrachtet nicht sich!

2. Die Anbetung vor dem Allerheiligsten

Bisher habe ich versucht, die allgemeinen Grundsätze der eucharistischen Kontemplation zu verdeutlichen und herauszustellen, welchen Stellenwert wir ihr auf dem Wege unserer Heiligung einräumen müssen. Ich möchte nun auch auf die Formen eingehen, die sie annehmen kann, und auf die Mittel, die uns zur Verfügung stehen, um sie zu pflegen.

Eine erste Form der eucharistischen Betrachtung ist die *Wort-Gottes-Liturgie* der Messe. Sie ruft uns jedesmal einen Aspekt der Heilsgeschichte und eine Begebenheit aus dem Leben Jesu ins Gedächtnis und fügt auf diese Weise womöglich dem Gedenken des Herrn, das wir begehen, einen teilweise neuen Inhalt hinzu. Die Wort-Gottes-Liturgie veranschaulicht die Eucharistie und hilft, die unermeßlichen Tiefen des gefeierten Geheimnisses zu erahnen. Nehmen wir ein konkretes Beispiel: den neunundzwanzigsten Sonntag des liturgischen Jahres im Lesekreis B. Als erste Lesung finden wir Jesaja 53,2ff.: »Er wurde verachtet und von den Menschen gemieden, ein Mann voller Schmerzen, mit Krankheit vertraut…«; als zweite Lesung Hebräer 4,14-16: »Da wir nun einen erhabenen Hohenpriester haben…«; und schließlich das Evangelium, Markus 10,34-45: »Könnt ihr den Kelch trinken, den ich trinke? Der Menschensohn ist nicht gekommen, um sich dienen zu lassen…« Welche Horizonte eröffnet jedes einzelne dieser Worte für die eucharistische Kontemplation! Der Tisch des Wortes bereitet den Tisch des Brotes vor; er weckt die Sehnsucht, steigert die Freude an Christus. Dasselbe geschah bei jener außergewöhnlichen Liturgie, die die Emmausjünger erlebten: die Auslegung der Schrift ließ die Herzen der beiden Jünger entbrennen, die dann, dank dieser Vorbereitung, in der Lage waren, den Herrn am Brechen des Brotes zu »erkennen«.

Eine Form der eucharistischen Betrachtung ist auch die Zeit, die wir vor und nach der Kommunion der Vorbereitung und Danksagung widmen.

Doch die eucharistische Kontemplation schlechthin ist die stille Anbetung vor dem Allerheiligsten. Gewiß, man kann den eucharistischen Jesus auch von ferne betrachten, im Tabernakel des eigenen Herzens (der heilige Franziskus pflegte zu sagen: »Wenn ich der Messe nicht beiwohne, nähere ich mich dem Leib Christi im Gebet, ich bete ihn an mit den Augen des Geistes in derselben Weise, wie ich ihn anbete, wenn ich ihn während der Eucharistiefeier betrachte«[9]). Und dennoch: die Kontemplation, gehalten in der realen Präsenz Christi, vor den Gestalten, in denen er verborgen ist, wenn möglich an einem ruhigen und sozusagen schon von seiner Gegenwart durchdrungenen Ort, stellt demgegenüber noch eine Steigerung dar, die uns eine große Hilfe ist.

In seinem Schreiben über *Das Geheimnis und die Verehrung der Allerheiligsten Eucharistie* vom Gründonnerstag des Jahres 1980 schrieb der Heilige Vater Johannes Paul II.: »Die Anbetung Christi in diesem Sakrament seiner Liebe muß dann auch ihren Ausdruck in vielfältigen Formen eucharistischer Frömmigkeit finden: persönliches Gebet vor dem Allerheiligsten, Anbetungsstunden, kürzere oder längere Zeiten der Aussetzung, das jährliche Vierzigstündige Gebet (...). Die Belebung und Vertiefung der eucharistischen Frömmigkeit sind der Beweis für jene wahre Erneuerung, die das Konzil sich zum Ziel gesetzt hat und deren inneren Kern sie darstellen (...). In diesem Sakrament der Liebe wartet Jesus selbst auf uns. Keine Zeit sei uns dafür zu schade, um ihm dort zu begegnen: in der Anbetung, in einer Kontemplation voller Glauben«. Ein solcher Aufruf war notwendig. Denn die traditionelle eucharistische Frömmigkeit war ziemlich in Vergessenheit geraten über der mit Eifer betriebenen liturgischen Erneuerung, die sich naturgemäß mehr mit dem gemeinschaftlichen und rituellen Bereich befaßt als mit dem der persönlichen Frömmigkeit. Und man vernachlässigte sie auch aus einer gewissen naiven Überbewertung soziologischer und säkularistischer Ansätze, die die Eucharistie fast ausschließlich unter dem sogenannten horizontalen Aspekt betrachten, das heißt sie als bloße Tischgemeinschaft begreifen. Die zentrifugale Bewegung (hin zu den Armen, zu politischem Engagement, zur Dritten Welt etc.), die nach dem Konzil so viele christliche Gemeinschaften geprägt hat, muß wieder ausgeglichen werden von einer zentripetalen Bewegung, einer Bewegung also, die zum Herzen der Gemeinschaft zurückführt, in ihre Mitte, wo die Eucharistie ist. Der Erzbischof von Mailand, C. M. Martini, betont in seinem ersten Hirtenbrief mit dem Titel *Die kontemplative Dimension des Lebens* ebenfalls die Notwendigkeit dieser Wiederentdeckung; er schreibt: »All dies [das heißt die Gestaltung des eigenen Lebens aus der Eucharistie heraus] verlangt konkret die Förderung innerer Verhaltensweisen, die der Eucharistiefeier vorausgehen, sie begleiten und auf sie folgen sollen: das offenbarte Wort hören, die Geheimnisse Jesu betrachten, den Willen des Vaters erspüren, der in den Worten Jesu durchscheint, den Lebensplan, der aus dem eucharistischen Pascha erwächst, mit den immer neuen spirituellen Situationen konfrontieren, in die die Gemeinschaft und die einzelnen Gläubigen sich hineingestellt sehen. Deshalb ist das stille Gebet, das Hören des Wortes, die biblische Meditation, das persönliche Nachdenken nicht als von der Eucharistie getrennt zu betrachten, sondern ganz wesentlich mit ihr verbunden.«

Die Verehrung und Anbetung der Eucharistie außerhalb der Messe ist ein relativ junger Zweig der christlichen Frömmigkeit. Im Westen nahm sie ihren Anfang im elften Jahrhundert als Reaktion auf die Irrlehre des Berengar von Tours, der die Realpräsenz leugnete und eine nur symbolische Gegenwart Jesu in der Eucharistie anerkennen wollte. Jedoch von diesem Zeitpunkt an hat es sozusagen keinen Heiligen mehr gegeben, in dessen Leben die eucharistische Frömmigkeit nicht von entscheidender Bedeutung gewesen wäre. Sie war eine Quelle gewaltiger spiritueller Kräfte, eine Art von Herdfeuer mitten im Hause Gottes, das stets brannte und an dem sich alle großen Söhne und Töchter der Kirche gewärmt haben.

Vielleicht ist es richtig, in der relativ späten Entwicklung des eucharistischen Kultes außerhalb der Messe einen Hinweis zu sehen, hier den verschiedenen christlichen Konfessionen eine gewisse

Freiheit einzuräumen.[10] Diese eucharistische Frömmigkeit ist ein Geschenk des Geistes an die katholische Kirche, und sie muß es voller Dankbarkeit auch stellvertretend für die anderen Christen pflegen, ohne jedoch von ihnen unbedingt dasselbe zu verlangen. Jede große geistige Strömung im Schoße des Christentums hat mit ihrem je eigenen Charisma etwas beigetragen zum Reichtum der gesamten Kirche. Bei den Protestanten ist dies die besondere Verehrung für das Wort Gottes, bei den Orthodoxen die Verehrung der Ikonen (und wieviel haben wir Katholiken ihnen auf diesem Gebiet zu verdanken!); in der katholischen Kirche ist es die Verehrung der Eucharistie. Jeder dieser drei Wege führt im Grunde zu demselben Ziel: zur Betrachtung Christi und seines Geheimnisses.

Wenn die besondere Gabe der katholischen Kirche und das Geheimnis ihrer Kraft in der einzigartigen Weise besteht, in der der eucharistische Jesus in ihrer Mitte gegenwärtig ist und angebetet wird, dann erkennt man erst recht, wie wichtig es ist, daß wir diese Gabe wieder voll auswerten. Es ist, als dränge der Heilige Geist die Kirche nun mit aller Macht, gewisse Formen der eucharistischen Frömmigkeit, die sich durch Gewöhnung und Ritualismus ziemlich verbraucht hatten, wieder aufzugreifen, doch sie in erneuerter Gesinnung aufzugreifen, das heißt, auch in sie das verfeinerte Gespür in biblischen und liturgischen Fragen hineinzulegen, das die christliche Frömmigkeit sich in der Zwischenzeit erworben hat. Wir erleben zur Zeit das Wiedererwachen eines tiefen Bedürfnisses nach eucharistischer Anbetung, danach, dem Herrn zu Füßen zu sitzen wie Maria von Betanien (vgl. Lk 10,39). Wir sind dabei, eine Wahrheit wiederzuentdecken: daß der mystische Leib Christi, die Kirche, nicht auf andere Weise entstehen und sich entfalten kann als geschart um seinen wirklichen Leib, die Eucharistie.

Das meine ich, wenn ich sage, daß die Eucharistie die Kirche durch Kontemplation bildet. Wer ruhig und schweigend und möglichst für längere Zeit vor dem sakramentalen Jesus verharrt, der wird empfänglich für die Erwartungen, die der Herr in ihn setzt, er gibt die eigenen Pläne auf, um frei zu sein für das, was Christus mit ihm vorhat, das Licht Gottes dringt nach und nach in sein Herz ein und läßt es gesunden. Es passiert etwas, das an das Ergrünen der Bäume im Frühjahr erinnert, an den Prozeß der Photosynthese. An den Zweigen brechen die Blätter hervor; diese nehmen aus der Luft bestimmte Stoffe auf, die unter der Einwirkung des Sonnenlichts »festgehalten« und in Nahrung für die Pflanze umgewandelt werden. Ohne diese grünen Blättchen könnte die Pflanze nicht wachsen und Frucht bringen, und sie könnte auch nicht zur Erneuerung des Sauerstoffs beitragen, den wir selbst zum Atmen brauchen. Auch wir müssen solche grünen Blätter sein! Sie sind ein Symbol für die eucharistischen Seelen, die Christus, die »Sonne der Gerechtigkeit«, betrachten und auf diese Weise die Nahrung, den Heiligen Geist, »festhalten« zum Wohl des ganzen großen Baumes, der die Kirche ist. Es geht, mit anderen Worten, um das, was auch der Apostel Paulus meint, wenn er schreibt: *Wir alle spiegeln mit enthülltem Angesicht die Herrlichkeit des Herrn wider und werden so in sein eigenes Bild verwandelt, von Herrlichkeit zu Herrlichkeit, durch den Geist des Herrn* (2 Kor 3,18).

Ein zeitgenössischer Dichter, Giuseppe Ungaretti, hat einen wundervollen Vers geschaffen, der ebensogut von einer in Kontemplation vor der Eucharistie versunkenen Seele stammen könnte: »Ich erstrahle von Unermeßlichem«.

3. Ich sehe ihn an, und er sieht mich an

Doch was bedeutet das konkret: eucharistische Kontemplation halten? Die eucharistische Kontemplation ist an sich nichts anderes als die Fähigkeit, oder besser die Gabe, von Herz zu Herz eine Beziehung mit dem in der Hostie wirklich gegenwärtigen Jesus herzustellen und sich durch ihn im Heiligen Geist zum Vater zu erheben. All dies sollte sich, wenn irgend möglich, in innerem wie äußerem Schweigen vollziehen. Das Schweigen ist der geliebte Bräutigam der Kontemplation, der sie behütet, so wie Josef Maria behütet hat. Betrachten heißt, all unser Wahrnehmungsvermögen auf die göttliche Wirklichkeit zu richten, die Gott selbst, eines seiner Sinnbilder oder ein Geheimnis aus dem Leben Christi sein kann und sich an seiner Gegenwart zu erfreuen. In der Meditation überwiegt die Suche nach der Wahrheit, in der Kontemplation dagegen die *Freude* an der gefundenen Wahrheit (Wahrheit verstanden als die in Christus personifizierte Wahrheit, denn die Kontemplation richtet sich immer auf die Person, auf das Ganze und nicht auf die Teile).

Die großen Lehrmeister des Geistes haben die Kontemplation definiert als »ein freimütiges, durchdringendes und unverwandtes Anblicken« (Hugo von Sankt Viktor) oder als »inbrünstigen Blick auf Gott« (Bonaventura). Und deshalb hat jener Bauer aus der Pfarrei von Ars bei seiner eucharistischen Kontemplation genau das Richtige getan, als er Stunden um Stunden regungslos in der Kirche verbrachte, die Augen auf den Tabernakel gerichtet, und der, als ihn der heilige Pfarrer fragte, was er denn da den ganzen Tag über mache, zur Antwort gab: »Nichts, ich sehe ihn an, und er sieht mich an!« Daraus lernen wir, daß christliche Kontemplation niemals nur in einer Richtung verläuft und daß sie sich auch nicht dem »Nichts« zuwendet (wie es bei manchen östlichen Religionen und namentlich im Buddhismus der Fall ist). Immer sind es zwei Blicke, die einander begegnen: unser Blick auf Gott und Gottes Blick auf uns. Mag unser Blick auch zuweilen abschweifen und schwächer werden, so läßt doch der Blick Gottes niemals nach. Die eucharistische Kontemplation beschränkt sich manchmal darauf, Jesus einfach Gesellschaft zu leisten, unter seinem Blick zu verharren und ihm die Freude zu machen, daß auch er seinerseits uns anschauen kann, nichtige und sündige Geschöpfe zwar, doch die Früchte seines Leidens, uns, für die er sein Leben hingegeben hat: »Er sieht mich an!«

Also kann auch jene innere Trockenheit, die wir gelegentlich verspüren – mag sie nun eine Folge unserer eigenen Zerstreuung oder aber um unserer

Läuterung willen von Gott zugelassen sein –, die eucharistische Kontemplation nicht wirklich außer Kraft setzen. Es genügt, dieser Trockenheit einen Sinn zu geben, etwa indem man auch auf die aus der Inbrunst entspringende Befriedigung verzichtet, um ihn glücklich zu machen und um mit Charles de Foucauld zu ihm sagen zu können: »Dein Glück, Jesus, genügt mir!«, das heißt: es genügt mir, wenn du glücklich bist. Jesus hat, um uns glücklich zu machen, die ganze Ewigkeit zu seiner Verfügung; wir aber haben, um ihn zu beglücken, nur diesen kurzen Zeitraum: wie können wir eine solche Gelegenheit ungenutzt lassen, die vielleicht niemals wiederkehren wird? Manchmal mag es uns so vorkommen, als sei unsere eucharistische Anbetung bloße Zeitverschwendung, als hielten wir die Augen geöffnet, ohne zu sehen – und doch: welche Kraft liegt darin verborgen, welches Glaubenszeugnis! Jesus weiß, daß wir fortgehen könnten und hundert andere Dinge tun, die uns weitaus mehr befriedigen würden – aber wir bleiben da und vergeuden unsere Zeit in reinem Verlust. Wenn es uns nicht gelingt, mit der Seele zu beten, dann haben wir immer noch die Möglichkeit, mit unserem Körper zu beten, und dies ist ein Beten mit dem Körper (auch wenn die Seele alles andere als abwesend ist).

Wenn wir Jesus im Sakrament des Altares betrachten, dann erfüllen wir die mit Jesu Tod am Kreuz verbundene Prophezeiung: *Sie werden auf den blicken, den sie durchbohrt haben* (Joh 19,37). Mehr noch: eine solche Kontemplation ist an sich schon eine Prophezeiung, denn sie nimmt vorweg, was uns für die Ewigkeit im himmlischen Jerusalem verheißen ist. Nichts von dem, was wir in der Kirche tun können, hat einen in so hohem Maße eschatologischen und prophetischen Charakter wie die eucharistische Kontemplation. Am Ende wird das Lamm nicht mehr geopfert, wird auch sein Fleisch nicht mehr gegessen werden. Das heißt Konsekration und Kommunion werden aufhören – die Kontemplation des für uns geopferten Lammes aber wird nie enden. Genau dies nämlich ist es, was die Heiligen im Himmel tun (vgl. Offb 5,1ff.). Wenn wir vor dem Tabernakel knien, dann stimmen wir bereits ein in den Chor der Kirche in jener Welt: sie vor, wir gleichsam hinter dem Altar; sie in der Schau, wir im Glauben.

Im Buch Exodus lesen wir: *Während Mose vom Berg herunterstieg, wußte er nicht, daß die Haut seines Gesichtes Licht ausstrahlte, weil er mit dem Herrn geredet hatte* (Ex 34,29). Mose wußte es nicht, und auch wir werden es nicht wissen (und das ist gut so); doch vielleicht wird dies auch uns widerfahren, wenn wir nach solchen Augenblicken zu unseren Brüdern zurückkehren – vielleicht wird ihnen auffallen, daß unser Gesicht Licht ausstrahlt, weil wir den Herrn betrachtet haben. Und dies wäre das schönste Geschenk, das wir ihnen machen könnten.

SECHSTES KAPITEL

»Ich habe euch ein Beispiel gegeben«

Die Eucharistie bildet die Kirche durch Imitation

Im Abendmahlsbericht, wie Lukas und Paulus ihn überliefert haben, ist uns der Auftrag Jesu begegnet: *Tut dies zu meinem Gedächtnis.* Auch im Abendmahlsbericht des Johannesevangeliums findet sich ein Auftrag des Herrn: *Ich habe euch ein Beispiel gegeben, damit auch ihr so handelt, wie ich an euch gehandelt habe* (Joh 13,15). Diese beiden »Aufträge« Jesu stehen unbestreitbar miteinander in Zusammenhang. Dennoch gibt es zwischen ihnen auch einen Unterschied: im ersten Fall geht es um ein Gedenken, das heißt um etwas, das die Liturgie betrifft; im zweiten Fall aber geht es ums Handeln (»damit ihr handelt«), das heißt um etwas, das mit dem Leben zu tun hat. Die Progression der Evangelien selbst also fordert uns dazu auf, vom Gedenken zur Nachahmung, von der eucharistischen Kontemplation zur eucharistischen Praxis überzugehen.

Das von Johannes in den Kapiteln 13 bis 17 seines Evangeliums beschriebene Abendmahl ist kein »Paschamahl«. Das jüdische Paschamahl nämlich fand am Abend des 14. Nisan statt (nach Johannes stirbt Jesus am 14. Nisan, als die Juden ihr Paschamahl noch zu essen hatten, und genau deshalb betreten sie das Prätorium des Pilatus nicht, vgl. Joh 18,28). Das von den Synoptikern beschriebene »Paschamahl« Jesu könnte einige Tage vorher zelebriert worden sein, nach einem anderen liturgischen Kalender als dem offiziellen des Tempels, der auch bei den Essenern in Qumran üblich war, es sei denn, es handle sich um ein und dasselbe Abendmahl, dessen Charakter als eucharistisches Paschamahl die Synoptiker hervorheben, während Johannes diesen Aspekt stillschweigend übergeht.

Doch ich will mich hier nicht mit dem berühmten Problem der zeitlichen Abfolge der Leidensgeschichte befassen. Was uns interessiert, ist die Frage, weshalb Johannes in seinem Abendmahls-Bericht nicht von der Einsetzung der Eucharistie, sondern stattdessen von der Fußwaschung spricht. Es ist nicht davon auszugehen, daß der eucharistische Ritus ihm nicht bekannt gewesen oder in den Kreisen, aus denen das vierte Evangelium hervorging, nicht praktiziert worden wäre, ganz im Gegenteil: man hat vielmehr herausgefunden, daß der gesamte Passions- und Osterbericht des vierten Evangeliums gerade in Anlehnung an die in ebendiesen Kreisen gepflegte eucharistische Liturgie aufgebaut ist (die Praxis der Quartodezimaner, das heißt derer, die das Pascha am 14. Nisan feierten, an jedem beliebigen Wochentag) und von ihr gleichsam inspiriert wurde. Der Hauptgrund ist auch nicht der, daß Johannes, wie so oft gesagt wird, sein Evangelium ja als letzter verfaßt und daher nur eine Ergänzung der von ihm als bekannt vorausgesetzten Synoptiker beabsichtigt habe oder daß er eine

Popularisierung des christlichen Mysteriums habe vermeiden wollen. Der eigentliche Grund ist der, daß Johannes in allem, was das Pascha und die Eucharistie betrifft, eine deutliche Tendenz zeigt, das *Ereignis* stärker in den Vordergrund zu stellen als das *Sakrament*, die inhaltliche Bedeutung mehr zu betonen als das Zeichen. Für ihn beginnt das neue Pascha nicht so sehr im Abendmahlssaal mit der Einsetzung des *Ritus*, der daran erinnern soll – es beginnt vielmehr am Kreuz, als das *Geschehen* sich erfüllt, an das erinnert werden soll. Entsprechend ist es denkbar, daß Johannes im Rahmen des letzten Abendmahls die Geste der Fußwaschung hervorhebt, weil er die christliche Gemeinschaft, die seither regelmäßig den Ritus der Eucharistie feierte, daran erinnern wollte, was dieser Ritus bedeutet und welche konkreten Forderungen an die Kirche er beinhaltet. Mit anderen Worten: der Evangelist lädt uns dazu ein, wie ich es weiter oben schon vorweggenommen habe, von der Liturgie zum Leben, vom Gedenken zur Nachahmung der Eucharistie überzugehen.

1. Die Bedeutung der Fußwaschung

Man versteht daher, wie wichtig es ist, die Bedeutung richtig zu erfassen, die für Johannes die Geste Jesu hat, den Jüngern die Füße zu waschen. Wir haben es mit einem jener Geschehnisse zu tun (ein anderes ist etwa das Durchbohren der Seite), in denen der Evangelist deutlich zu verstehen gibt, daß sich dahinter ein Geheimnis verbirgt, weit größer als das zufällige Ereignis, das – für sich selbst genommen – unbeträchtlich erscheinen könnte.

»Ich habe euch ein Beispiel gegeben«, sagt Jesus. Wofür hat er uns ein Beispiel gegeben? Dafür, wie man jedesmal, ehe man sich zu Tisch setzt, den Brüdern die Füße waschen muß? Sicherlich nicht. Es geht um etwas anderes, das gar nicht so schwer zu entdecken ist für jemanden, der das Evangelium liest und bereits weiß, wer Jesus ist.

Als ich eines Tages den Bericht von der Fußwaschung wieder las, fiel mir die tiefgreifende Ähnlichkeit mit dem Christushymnus aus dem Philipperbrief auf. Auch dort findet sich eine Einladung zur Nachahmung: »Seid untereinander so gesinnt, wie es dem Leben in Christus Jesus entspricht«; es folgt sodann die Beschreibung Jesu, der, obwohl er »Gott gleich« war, sich »entäußerte«, um »wie ein Sklave« zu werden. Und Johannes seinerseits zeigt uns Jesus, der, obwohl er »wußte, daß ihm der Vater alles in die Hand gegeben hatte und daß er von Gott gekommen war und zu Gott zurückkehrte«, seine Kleider ablegt, sich mit einem Leinentuch umgürtet, dem Gewand eines Sklaven, und den Aposteln die Füße wäscht. Man könnte fast sagen, daß der Evangelist das, was Paulus in allgemeinen Worten zum Ausdruck bringt, hier in plastische Bilder und konkrete Taten übersetzt.

In Wirklichkeit handelt es sich stets um dasselbe Thema, das sämtliche Schriften des Neuen Testaments durchzieht: Jesus, Knecht Gottes und der Menschen. Im Lukasevangelium ist, übrigens ebenfalls im Zusammenhang mit dem letzten Abendmahl, ein Wort Jesu überliefert, das geradezu als Schlußfolgerung der Fußwaschung formuliert zu sein scheint: *Welcher von beiden ist größer: wer bei Tisch sitzt oder wer bedient? Natürlich der, der bei Tisch sitzt. Ich aber bin unter euch wie der, der bedient* (Lk 22,27). Dem Bericht des Evangelisten zufolge spricht Jesus diese Worte, weil unter den Jüngern ein Streit entstanden war, wer unter ihnen als der Größte zu gelten habe (vgl. Lk 22,24). Vielleicht war es dieselbe Situation, die Jesus auch zu der Geste der Fußwaschung veranlaßte, gewissermaßen als ein Gleichnis in der Handlung. Während die Jünger von ihrer heftigen Diskussion ganz in Anspruch genommen sind, steht er schweigend vom Tisch auf, nimmt sich eine Schüssel mit Wasser und ein Tuch, dann kommt er zurück und kniet sich vor Petrus nieder, um ihm die Füße zu waschen, womit er diesen begreiflicherweise in die größte Verwirrung stürzt: *Du, Herr, willst mir die Füße waschen?* (Joh 13,6).

In der Fußwaschung hat Jesus gleichsam den Sinn seines ganzen Lebens noch einmal zusammenfassen wollen, damit er sich dem Gedächtnis der Jünger gut einpräge und damit sie es eines Tages, wenn sie dazu in der Lage wären, begriffen: *Was ich tue, verstehst du jetzt noch nicht, doch später wirst du es begreifen* (Joh 13,7). Diese Tat, die am Ende der Evangelien steht, sagt uns, daß das gesamte Leben Jesu, vom Anfang bis zum Ende, eine Fußwaschung war, ein Dienst an den Menschen. Es war – wie manche Exegeten es gerne nennen – eine *Pro-Existenz*, das heißt eine für die anderen gelebte Existenz.

Jesus hat uns das Beispiel eines Lebens für die anderen gegeben, eines Lebens, das zum Brot wurde, »gebrochen für die Welt«, wie es das Motto des eucharistischen Weltkongresses treffend formuliert, der vor einigen Jahren in Lourdes stattfand. Mit den Worten »Handelt, wie ich an euch gehandelt habe« setzt Jesus somit die *diakonia* ein, den Dienst, und er erhebt ihn zu einem grundlegenden Gesetz, oder besser: zu einer Lebensweise und zu einem Modell für alle Beziehungen in der Kirche.

Jesus hatte zu Petrus gesagt, daß er es »später« begreifen werde, und in der Tat wird die Kirche später – das heißt nach Ostern – nicht mehr aufhören, vom Dienen zu sprechen und es den Gläubigen in jeder Weise einzuschärfen. In der Charakterisierung der vorbildlichen Witwe erwähnen die Pastoralbriefe als ein qualifizierendes Merkmal die Fußwaschung: *Wenn sie den Heiligen die Füße gewaschen hat...* (1 Tim 5,10). Selbst die Lehre von den Geistesgaben ist ganz auf das Dienen hin ausgerichtet; der Dienst erscheint als die Seele und das Ziel jeden Charismas. Der heilige Paulus betont, daß jedem die »Offenbarung des Geistes« geschenkt wird, »damit sie anderen nützt« (vgl. 1 Kor 12,7), und daß die Charismen gespendet werden, *um die Heiligen für die Erfüllung ihres Dienstes (diakonia) zu rüsten* (Eph 4,12). Auch der Apostel Petrus schreibt, als er zur Gastfreundschaft mahnt: *Dient einander (diakonia) als gute Verwalter der vielfältigen Gnade Gottes, jeder mit der Gabe (charisma), die er empfangen hat* (1 Petr 4,10). Beide Dinge – Charisma und Amt oder Dienst – erscheinen stets auf das engste miteinander verknüpft. Ein

Charisma, das sich nicht im Dienst äußert, ist wie das vergrabene Talent, das sich in einen Straftitel verwandelt (vgl. Mt 25,25); es ist wie ein Pflug, der rostet, wenn mit ihm nicht gepflügt wird. Die Kirche ist charismatisch, um zu dienen!

2. Der Geist des Dienens

Wir müssen uns jedoch eingehender damit befassen, was »Dienst« bedeutet, um ihn in unserem Leben verwirklichen zu können und nicht bei bloßen Worten stehenzubleiben. Der Dienst als solcher ist keine Tugend; in keinem Katalog der Tugenden oder der Früchte des Geistes, wie das Neue Testament sie nennt, findet sich das Wort *diakonia*, Dienst. Es ist im Gegenteil sogar die Rede von einem Dienst an der Sünde (vgl. Röm 6,16) oder an den Götzen (vgl. 1 Kor 6,9), und das ist gewiß kein Dienst im guten Sinne. Für sich genommen ist der Dienst wertneutral: er bezeichnet eine Lebensbedingung oder eine Art, sich in der eigenen Arbeit zu anderen in Bezug zu setzen, er bezeichnet eine Abhängigkeit von anderen. Er kann sogar etwas Negatives sein, wenn er unter Zwang geleistet wird (in der Sklaverei) oder aus bloßem Eigennutz. Heutzutage sprechen alle vom Dienst, alle sagen, sie seien im Dienst: der Händler bedient die Kunden; von jedem, der ein Amt in der Gesellschaft ausübt, sagt man, daß er dienstleistend ist oder vom Dienst. Doch es liegt auf der Hand, daß der Dienst, den das Evangelium meint, etwas völlig anderes ist, auch wenn es den Dienst, wie die Welt ihn versteht, nicht von vorneherein ausschließt oder mißbilligt. Der Unterschied liegt ganz in der Motivation, in der inneren Einstellung, mit der der Dienst getan wird. Lesen wir noch einmal den Bericht von der Fußwaschung, um zu sehen, in welchem Geist Jesus sie vollzieht und was ihn dabei bewegt: *Da er die Seinen, die in der Welt waren, liebte, erwies er ihnen seine Liebe bis zur Vollendung* (Joh 13,1). Der Dienst ist keine Tugend, sondern wächst aus den Tugenden hervor, und zwar in erster Linie aus der Liebe; ja, in ihm findet das neue Gebot seinen vollendetsten Ausdruck. Der Dienst ist eine Erscheinungsform der *agape*, das heißt jener Liebe, die »nicht ihren Vorteil sucht« (vgl. 1 Kor 13,5), sondern den der anderen, die nicht im Streben besteht, sondern in der Hingabe. Kurz, er ist Nachahmung und Teilhabe am Handeln Gottes, der, weil er »das Gute ist, das Gute schlechthin, das Höchste Gut«, nur unentgeltlich lieben und Wohltaten erweisen kann, ohne auch nur irgendwie auf seinen eigenen Vorteil bedacht zu sein. Deswegen ist der Dienst im Sinne des Evangeliums im Gegensatz zu dem der Welt nicht das Kennzeichen des Unterlegenen, des Bedürftigen, der nichts hat, sondern er ist vielmehr das Kennzeichen des Besitzenden, des Höhergestellten, dessen, der hat. Was den Dienst anbetrifft, so wird von dem viel gefordert, dem viel gegeben wurde (vgl. Lk 12,48). Und deshalb sagt Jesus auch, daß in seiner Kirche vor allem *der Führende* werden soll *wie der Diener* (Lk 22,26) und daß der Erste *der Sklave aller* sein soll (Mk 10,44). Die Fußwaschung ist »das Sakrament der christlichen Autorität«.

Neben der Unentgeltlichkeit bringt der Dienst ein weiteres wichtiges Charakteristikum der göttlichen *agape* zum Ausdruck: die Demut. Die Worte Jesu: Ihr müßt einander die Füße waschen, bedeuten: ihr müßt einander die Dienste einer demütigen Liebe erweisen. Liebe und Demut bilden gemeinsam den Dienst im Sinne des Evangeliums. Jesus hat einmal gesagt: *Lernt von mir; denn ich bin gütig und von Herzen demütig* (Mt 11,29). Was aber hat Jesus getan, daß er sich als »demütig« bezeichnet? Hat er sich selbst vielleicht als niedrig eingeschätzt oder bescheiden von sich gesprochen? Im Gegenteil: in ebendieser Episode der Fußwaschung nennt er sich »Meister und Herr« (vgl. Joh 13,13). Was also hat er getan, daß er sich als »demütig« bezeichnet? Er hat sich erniedrigt, er ist herabgestiegen, um zu dienen! Vom Augenblick der Inkarnation an hat er nichts anderes getan, als herabzusteigen, herabzusteigen bis zu jenem tiefsten Punkt, da wir ihn auf den Knien sehen, damit beschäftigt, den Aposteln die Füße zu waschen. Was für ein Schauder muß die Engel ergriffen haben, als sie den Sohn Gottes, den sie nicht einmal anzuschauen wagen (vgl. 1 Petr 1,12), in solcher Erniedrigung erblickten. Der Schöpfer kniet vor dem Geschöpf! »Erröte in Scham, hoffärtige Asche: Gott erniedrigt sich, und du erhebst dich!« sagte der heilige Bernhard zu sich selbst.[1] So verstanden, also als Selbsterniedrigung zum Dienst, ist die Demut tatsächlich der direkte Weg, Gott ähnlich zu werden und die Eucharistie in unserem Leben nachzuahmen.

Das Ergebnis dieser Meditation müßte sein, daß wir unser Leben (Gewohnheiten, Pflichten, Arbeitsstunden, die Art, unsere Zeit einzuteilen und zu nutzen) einer entschlossenen Prüfung unterziehen, um zu sehen, ob es tatsächlich ein Dienst ist und ob wir diesen Dienst in Demut und Liebe verrichten. Der wesentliche Punkt ist die Frage, ob wir unseren Brüdern dienen oder ob wir uns ihrer bedienen. Sich seiner Brüder bedienen und sie benutzen, das tut, wer sich zwar vielleicht, wie man so sagt, für die anderen vierteilen läßt, aber in allem, was er tut, nicht uneigennützig ist, wer in gewisser Weise Anerkennung und Beifall sucht oder die Befriedigung, sich innerlich als guter Mensch und Wohltäter zu fühlen. Das Evangelium konfrontiert uns in diesem Punkt mit äußerst radikalen Forderungen: *Deine linke Hand soll nicht wissen, was deine rechte tut* (Mt 6,3). Alles, was in irgendeiner Weise getan wird, »um von den Menschen gesehen zu werden«, ist vergeblich. *Christus non sibi placuit*: Christus suchte nicht sich selbst zu gefallen! (Röm 15,3): das ist die Regel des Dienens.

Um »die Geister zu unterscheiden«, das heißt die Absichten, die wir mit dem Dienen verfolgen, ist es nützlich, wenn wir einmal darüber nachdenken, welche Dienste wir gerne tun und welchen wir auf jegliche Weise auszuweichen suchen; wenn wir uns überlegen, ob unser Herz bereit ist – wenn es von uns verlangt wird –, einen vornehmen Dienst, der uns zur Ehre gereicht, für einen niedrigen aufzugeben, den niemand würdigen wird. Die sichersten Dienste sind die, die wir tun, ohne daß jemand es bemerkt, nicht einmal der, der sie entgegennimmt, sondern nur der Vater, der das Verborgene sieht. Jesus hat eine der niedrigsten Verrichtungen, die man zu seiner Zeit kannte und üblicherweise den Sklaven überließ, zum Symbol des Dienens schlechthin erhoben: die Fußwaschung. Der heilige Paulus mahnt: *Strebt nicht hoch hinaus, sondern bleibt demütig!* (Röm 12,16).

Dem Geist des Dienens entgegengesetzt ist das Streben nach Einfluß, die Angewohnheit, anderen den eigenen Willen und die eigene Art aufzuzwingen, Dinge zu sehen oder zu tun, kurz: die Herrschsucht. Häufig ist sich jemand, der von dieser Veranlagung getrieben wird, nicht im geringsten der Leiden bewußt, die er damit hervorruft, ja er kann es gar nicht begreifen, daß die anderen all seine »Anteilnahme« und seine Bemühungen nicht zu würdigen scheinen, und fühlt sich dann sogar als Opfer. Jesus hat seinen Aposteln gesagt, sie sollten wie »Lämmer unter Wölfen« sein, doch solche Menschen sind im Gegenteil Wölfe unter Lämmern. Ein großer Teil der Leiden, die eine Familie oder eine Gemeinschaft belasten können, sind auf die autoritäre und despotische Natur eines ihrer Mitglieder zurückzuführen, jemand, der gleichsam mit Nagelschuhen auf den anderen herumtritt und unter dem Vorwand, den anderen zu »dienen«, sie in Wirklichkeit »versklavt«.

Es ist durchaus möglich, daß dieser »Jemand« gerade wir sind! Wenn uns in dieser Hinsicht auch nur der kleinste Zweifel kommt, dann wäre es gut, wenn wir die, die mit uns zusammenleben, offen danach fragen und ihnen die Möglichkeit geben, sich ohne Scheu zu äußern. Und wenn sich herausstellt, daß auch wir durch unseren Charakter jemandem das Leben schwer machen, dann müssen wir diese

Wahrheit in Demut akzeptieren und unsere Bereitschaft zum Dienen neu überdenken.

Dem Geist des Dienens ist auch entgegengesetzt, wenn wir unseren eigenen Gewohnheiten und Bequemlichkeiten eine allzu große Aufmerksamkeit widmen. Man kann dies kurz als den Geist der Verweichlichung bezeichnen. Wer immer darauf aus ist, sich selbst zufriedenzustellen, wem in erster Linie die Götzen der eigenen Ruhe, der eigenen Freizeit, der eigenen Tagesplanung heilig sind, der kann den anderen nicht ernsthaft dienen. Die Regel des Dienens bleibt stets dieselbe: Christus suchte nicht sich selbst zu gefallen.

Der Dienst, so haben wir gesehen, ist die Tugend derer, die sich in den leitenden Positionen befinden, und Jesus hat ihn den Hirten der Kirche als sein kostbarstes Erbe hinterlassen. Alle Geistesgaben, das haben wir gesehen, sind für den Dienst bestimmt; doch in ganz besonderer Weise gilt dies für das Charisma der »Hirten und Lehrer« (vgl. Eph 4,11), das heißt das Charisma der Autorität. Die Kirche ist »charismatisch«, um zu dienen, und ebenso ist sie »hierarchisch«, um zu dienen!

3. Der Dienst des Geistes

Wenn Dienen für alle Christen heißt, »nicht mehr für sich zu leben« (vgl. 2 Kor 5,15), dann heißt es für die Hirten, »nicht sich selbst zu weiden«: *Weh den Hirten Israels, die nur sich selbst weiden! Müssen die Hirten nicht die Herde weiden?* (Ez

34,2). Nichts ist natürlicher und richtiger in den Augen der Welt, als daß derjenige, der Herr ist (*dominus*), »dominiert«, das heißt herrscht; nicht so bei den Jüngern Jesu: wer hier der Herr ist, der soll dienen. *Wir wollen ja nicht Herren über euren Glauben sein*, schreibt der heilige Paulus, *sondern wir sind Helfer zu eurer Freude* (2 Kor 1,24). Dasselbe rät der Apostel Petrus den Hirten: »Ihr sollt nicht herrschen über die, die euch anvertraut sind, sondern Vorbilder sein für die Herde« (vgl. 1 Petr 5,3). Es ist nicht leicht, sich im pastoralen Amt nicht als Herr über den Glauben zu gebärden; eine solche Mentalität hat sich schon sehr früh in den Autoritätsbegriff eingeschlichen. In einem der ältesten Texte über das Bischofsamt (der syrischen *Didaskalie*) finden wir bereits die Vorstellung vom Bischof als einem Monarchen, in dessen Kirche nichts unternommen werden kann – weder von den Menschen noch von Gott – ohne sein ausdrückliches Einverständnis.

Für die Priester, und zwar gerade in ihrer Eigenschaft als Hirten, ist es häufig ebendieser Punkt, an dem sich eine notwendige Umkehr entscheidet. Wie kraftvoll und zu Herzen gehend klingen doch jene Worte Jesu nach der Fußwaschung: Ich, der Herr und Meister…! Jesus *hielt nicht daran fest, wie Gott zu sein* (Phil 2,6), das heißt, er hatte keine Angst, seine göttliche Würde zu kompromittieren, die Achtung der Menschen ihm gegenüber aufs Spiel zu setzen, sich seiner Privilegien zu entäußern und sich öffentlich als Mensch unter anderen Menschen zu zeigen (»den Menschen gleich«). Jesus hat einfach gelebt; die Einfachheit ist immer der Anfang und das Zeichen einer wirklichen Umkehr zum Evangelium gewesen. Man muß die Handlungsweise Gottes nachahmen. »Nichts charakterisiert das Handeln Gottes besser«, so schreibt Tertullian, »als der Kontrast zwischen der Einfachheit der äußeren Mittel und Wege, die er anwendet, und der Größe der geistigen Wirkungen, die er erzielt.«[2] Die Welt ist auf eine aufwendige Ausstattung angewiesen, um handeln und um beeindrucken zu können – Gott nicht. Es hat eine Zeit gegeben, in der die Würde der Bischöfe sich in Insignien, Titeln, Schlössern und Streitkräften ausdrückte. Sie waren sogenannte Fürstbischöfe, aber viel mehr Fürsten als Bischöfe. Im Vergleich dazu erlebt die Kirche heute ein goldenes Zeitalter. Ich weiß von einem Bischof, der es ganz natürlich findet, öfter einige Stunden in einem Altersheim zu verbringen, um den alten Menschen beim Ankleiden und Essen zu helfen; er hat die Fußwaschung wörtlich genommen. Ich selbst muß sagen, daß ich in einigen Männern der Kirche die besten Vorbilder in meinem Leben für die Einfachheit gefunden habe.

Man muß jedoch auch in diesem Punkt eine große Freiheit im Sinne des Evangeliums walten lassen. Die Einfachheit verlangt, daß wir uns nicht über die anderen stellen, aber auch nicht immer hartnäckig unter sie, um so in jedem Falle, auf die eine oder andere Weise, die Distanz zu wahren, sondern daß wir es in den alltäglichen Dingen des Lebens akzeptieren, wie die anderen zu sein. Es gibt Menschen – das hat Manzoni scharfsinnig bemerkt –, die genügend Demut haben, um sich unter die einfachen Leute zu stellen, aber nicht, um ihnen als

Gleichgestellte zu begegnen.[3] Zuweilen besteht der bessere Dienst nicht darin zu dienen, sondern sich bedienen zu lassen, wie Jesus, der, wenn es angebracht war, ebensogut bei Tisch sitzen und sich die Füße waschen lassen konnte (vgl. Lk 7,38) und der dankbar die Dienste annahm, die einige selbstlose und ihm treu ergebene Frauen ihm unterwegs erwiesen (Lk 8,2-3).

Noch etwas ist zum Dienst der Hirten, also der Seelsorger, zu sagen: der Dienst an den Brüdern, so wichtig und heilig er ist, ist nicht das Erste und das Wesentliche; vorher kommt der Dienst an Gott. Vor allem anderen ist Jesus der »Gottesknecht«, und erst dann auch der Diener der Menschen. Seine eigenen Eltern macht er darauf aufmerksam, als er sagt: *Wußtet ihr nicht, daß ich in dem sein muß, was meinem Vater gehört?* (Lk 2,49). Er scheut sich nicht, die Menge zu enttäuschen, die gekommen ist, um ihn zu hören und von ihm geheilt zu werden, indem er sie unversehens verläßt, um sich an einen einsamen Ort zurückzuziehen und zu beten (vgl. Lk 5,16). Auch der Dienst am Evangelium ist heutzutage der Gefahr der Verweltlichung ausgesetzt. Man macht es sich zu leicht, wenn man davon ausgeht, daß jeder Dienst am Menschen automatisch auch ein Dienst an Gott sei. Der heilige Paulus spricht von einem Dienst des Geistes (*diakonia pneumatos*) (2 Kor 3,8), zu dem die Diener des Neuen Bundes ausersehen sind. Bei den Seelsorgern muß der Geist des Dienens im Dienst des Geistes zum Ausdruck kommen.

Wer wie der Priester aufgrund seiner Berufung zu einem solchen »geistlichen« Dienst bestimmt ist, der dient seinen Brüdern nicht, wenn er ihnen hundert oder tausend andere Dienste erweist, aber den einen vernachlässigt, den man von ihm mit Recht erwarten kann und den nur er leisten kann. Es steht geschrieben, daß der Priester *für die Menschen eingesetzt wird zum Dienst vor Gott* (Hebr 5,1). Als dieses Problem zum ersten Mal in der Kirche aufkam, löste Petrus es, indem er sagte: *Es ist nicht recht, daß wir das Wort Gottes vernachlässigen und uns dem Dienst an den Tischen widmen. (...) Wir aber wollen beim Gebet und beim Dienst am Wort bleiben* (Apg 6,2-4). Es gibt Seelsorger, die sind tatsächlich in den Dienst an den Tischen zurückgefallen. Sie befassen sich mit jeder Art von materiellen, wirtschaftlichen und verwaltungstechnischen und manchmal sogar landwirtschaftlichen Problemen innerhalb ihrer Gemeinde (auch wenn diese Dinge sehr gut von anderen erledigt werden könnten) und vernachlässigen darüber ihren eigentlichen Dienst, in dem sie von niemandem ersetzt werden können. Der Dienst am Wort erfordert Stunden des Lesens, des Studierens, des Betens. Wenn es eine allen Gläubigen innerhalb der Kirche gemeinsame Klage gibt, dann doch diese: die Unzulänglichkeit, ja die Leere der Verkündigung. Viele kommen aus der Messe und sind ärgerlich über die Predigt, sie hat sie ausgedörrt, statt sie zu bereichern. Für mich ist dies das Hauptproblem der Seelsorge, und mit Jesaja müssen wir ausrufen: Die Elenden und Armen suchen Wasser, doch es ist keines da (Jes 41,17). Die Leute suchen Brot, und nicht selten wird ihnen ein Skorpion gegeben, das heißt ausgedroschene Phrasen, leere Worte, Worte, die nichts von Gott zu sagen wissen, oder es wird ihnen gar nichts gegeben.

Bis heute haben jene Sätze des heiligen Gregor des Großen ihre ganze Aktualität bewahrt: »Für eine große Ernte gibt es nur wenige Arbeiter: wir können nicht ohne tiefe Traurigkeit von diesem Mangel sprechen, denn es sind Leute da, die das gute Wort anhören würden, aber es fehlt an Predigern. Nun ist die Welt voll von Priestern, und dennoch findet man nur selten einen, der im Weinberg des Herrn arbeitet; wir haben das Priesteramt übernommen, aber wir erfüllen nicht die Aufgaben, die dieses Amt mit sich bringt (...). Wir haben uns auf weltliche Geschäfte eingelassen, und das, was wir durch unsere Taten zeigen, ist etwas ganz anderes als das, was wir mit dem Priesteramt auf uns genommen haben. Wir vernachlässigen die Verkündigung und werden Bischöfe genannt, aber vielleicht eher zu unserer Verurteilung, denn wir besitzen den ehrenvollen Titel, nicht aber die Qualitäten. Gänzlich den weltlichen Dingen zugewandt, werden wir in dem Maße abgestumpft in unserem Innern, wie wir irdischen Angelegenheiten gegenüber aufmerksam erscheinen.«[4]

4. Der Dienst an den Armen

Doch ist es nun an der Zeit, daß wir auf den wichtigsten Punkt zu sprechen kommen, der mit dem Dienst zusammenhängt und der alle in der Kirche betrifft, Priester wie Laien: der Dienst an den

Armen. Wieder ist es der Evangelist Johannes, der in seinem ersten Brief schreibt: *Daran haben wir die Liebe erkannt, daß er sein Leben für uns hingegeben hat. So müssen auch wir für die Brüder das Leben hingeben. Wenn jemand Vermögen hat und sein Herz vor dem Bruder verschließt, der in Not ist, wie kann die Gottesliebe in ihm bleiben? Meine Kinder, wir wollen nicht mit Wort und Zunge lieben, sondern in Tat und Wahrheit* (1 Joh 3,16-18). Der heilige Augustinus sagt, daß »der selige Apostel Johannes uns« mit diesen Worten »ganz deutlich das Geheimnis des Abendmahls hat erklären wollen«[5]. Es handelt sich also um etwas, das im Denken des heiligen Johannes einen wesentlichen Aspekt des eucharistischen Geheimnisses darstellt.

Den tiefen Grund von alledem können wir mit Hilfe einer einfachen theologischen Überlegung begreifen. Jesus Christus, dessen Fleisch und Blut geopfert wird, den wir empfangen und im Allerheiligsten Altarssakrament anbeten, ist, dem Dogma der Kirche zufolge, »wahrer Gott und wahrer Mensch«. Nun erkennen und verkünden wir Jesus als »wahren Gott« in der eucharistischen Anbetung, von der wir im vorigen Kapitel gesprochen haben. Wie aber und mit welcher Handlung verkünden wir ganz konkret unseren Glauben an Jesus als »wahren Menschen«? Eben durch den Dienst an den Armen und Leidenden! Folglich bringt die Anbetung zwar einen wesentlichen Aspekt des eucharistischen Geheimnisses zum Ausdruck, aber für sich allein genügt sie nicht; mit der Anbetung muß das Teilen einhergehen. Er, der vom Brot gesagt hat: *Das ist mein Leib!*, hat dieselben Worte auch von den Armen gesagt. Er hat sie gesagt, als er von dem sprach, was man für den Hungernden getan hat, für den Gefangenen und den Nackten, und als er dann feierlich erklärte: *Das habt ihr mir getan!*; als er sich ganz mit ihnen identifizierte und sagte: *Ich* war hungrig, *ich* war durstig, *ich* war fremd, *ich* war nackt, krank, im Gefängnis (vgl. Mt 25,35ff.).

Im Armen und im Hungrigen ist Christus nicht in derselben Weise gegenwärtig wie im Zeichen von Brot und Wein auf dem Altar, aber es handelt sich genauso um eine »Real«-Präsenz, das heißt um eine wirkliche, nicht eine vorgetäuschte oder eingebildete Gegenwart, denn Jesus hat sich mit ihnen identifiziert. Er hat dieses Zeichen »eingesetzt«, wie er auch die Eucharistie eingesetzt hat. Man könnte sagen, daß die Gegenwart Christi im Armen passiv, nicht aktiv ist. Denn der Arme hat Christus nicht immer und notwendigerweise in sich und gibt ihn an den weiter, der ihn aufnimmt, wie es die eucharistischen Gestalten allerdings tun. Er ist kein »wirksames Zeichen der Gnade«, wie es das Sakrament ist; er bringt die Gnade nicht aus sich selbst hervor oder, wie es in der Theologie heißt, »ex opere operato«. Und ebenso ist es wahr, daß einer »seine ganze Habe« an die Armen verschenken könnte, wie der Apostel sagt, ohne daß es ihm etwas nützt, wenn er die Liebe nicht hat (vgl. 1 Kor 13,3). Und dennoch kann man Christus nicht ganz empfangen, wenn man nicht bereit ist, mit ihm auch den Armen zu empfangen, mit dem er sich identifiziert hat. Auf dem Sterbebett, als man zögerte, ihm das Viaticum zu reichen, weil er das, was er zu sich nahm, nicht bei sich behalten konnte, bat der große Philosoph und Gläubige Blaise Pascal, »da er nicht mit dem Haupt in Kommunion treten könne«, um die Gesellschaft eines Armen an seinem Bett, um – wie er sagte – »zumindest mit den Gliedern in Kommunion zu treten«[6].

Der heilige Leo der Große sagte, daß nach der Himmelfahrt Jesu »all das, was an unserem Herrn Jesus Christus sichtbar war, in die sakramentalen Zeichen der Kirche übergegangen ist«[7]. Dieser Grundsatz – der nach dem heiligen Leo für die Sakramente und für die kirchlichen Ämter, seine eigene Papstwürde mit eingeschlossen, gilt – läßt sich andererseits auch auf die Armen anwenden und auf alle diejenigen, die Jesus seine »geringsten Brüder« nennt (Mt 25,40). Mit der Himmelfahrt ist das Menschliche, das an Christus sichtbar war, auf die Armen und Leidenden übergegangen, die seine lebendigen Abbilder sind. Wenn nämlich durch die Tatsache der Inkarnation wirklich jeder Mensch – wie manche Kirchenväter es gerne ausdrückten – in gewisser Weise vom Wort in sich aufgenommen worden ist, dann ist durch die Art, wie die Inkarnation geschah, der Arme, der Leidende, der Ausgestoßene in ganz besonderer Weise vom Wort angenommen worden. Jesus hätte ja auch in Reichtum, Glanz und Ehre zur Welt kommen und leben können, doch er wollte als ein Armer, ein Leidender, ein Verachteter geboren werden und leben. Die Inkarnation sagt uns, daß das Wort »Mensch« geworden ist, doch das Pascha-Geheimnis sagt uns auch, »zu was für einem Menschen« das Wort geworden ist: zu einem wehrlosen, verurteilten und gekreuzigten Menschen.

Der heilige Johannes Chrysostomus hat in einem zu Recht berühmt gewordenen Abschnitt jene enge Verbindung zwischen der Gegenwart Jesu auf dem Altar und der Gegenwart Jesu im Armen deutlich gemacht: »Du willst«, so schreibt er, »den Leib Christi ehren? Dann laß nicht zu, daß er in seinen Gliedern, das heißt in den Armen, der Verachtung preisgegeben ist, weil sie keine Kleider haben, um sich zu bedecken. Ehre ihn nicht hier in der Kirche mit Seidenstoffen, während du draußen an ihm vorübergehst, wenn er unter der Kälte und unter seiner Nacktheit leidet (...). Was hat Christus davon, wenn der Opfertisch beladen ist mit goldenen Gefäßen, er aber in der Person des Armen vor Hunger stirbt? Sättige zuerst den Hungernden, und erst danach schmücke den Altar mit dem, was übrigbleibt. Du willst ihm einen goldenen Kelch darbringen und bist nicht bereit, ihm einen Becher Wasser zu reichen? Was hat es für einen Sinn, seinen Altar mit Goldschleiern zu schmücken, wenn du ihm dann nicht die notwendige Kleidung gibst? (...) Während du also den Kultraum schmückst, verschließe nicht dein Herz vor deinem Bruder, der leidet. Dieser ist ein lebendiger Tempel und kostbarer als jener.«[8]

Heute zeigt sich diese Notwendigkeit, Christus in den Armen zu ehren, in anderer Weise als zu den Zeiten des Chrysostomus. Es handelt sich nicht einfach darum, dem ersten Armen, der dich darum bittet, ein Almosen zu geben; das ist in vielen Fällen äußerst problematisch geworden und reicht ohnehin nicht aus. Es geht vor allem darum, nicht die Augen zu verschließen vor der empörenden Ungerechtigkeit, die in der Welt herrscht, vor der Tatsache, daß weniger als *zwanzig* Prozent der Weltbevölkerung (was im großen und ganzen den reichen, christlichen Völkern der nördlichen Hemisphäre entspricht) über *achtzig* Prozent der Ressourcen unserer Erde aufbrauchen. Ich glaube, daß so, wie es im Mittelalter große Päpste und Heilige gegeben hat, die durch die christliche Welt zogen und zum Kreuzzug aufriefen, auch wir heute Gott darum bitten müssen, daß er eine ähnliche Bewegung entstehen läßt, eine Art Zusammenschluß aller Kräfte der gesamten Christenheit für einen neuen Kreuzzug: einen Kreuzzug zur Befreiung der lebendigen Tempel Christi, der Millionen und Abermillionen von Menschen, die an Hunger, Krankheit und Entbehrung sterben. Also nicht mehr das leere Grab Christi oder die Orte, an denen er einst gewirkt hat, sondern seine lebendigen Gräber, in denen er hier und jetzt liegt und leidet. Das wäre ein »Kreuzzug«, der diesen Namen verdiente, der des Kreuzes Christi würdig wäre!

Der heilige Paulus sah in der Tatsache, daß »der eine hungert, während der andere schon betrunken ist«, ein Hindernis für die Eucharistiefeier. *Was ihr bei euren Zusammenkünften tut*, so schrieb er an die Korinther, *ist keine Feier des Herrenmahls mehr; denn jeder verzehrt sogleich seine eigenen Speisen, und dann hungert der eine, während der andere schon betrunken ist* (1 Kor 11,20-21). Wenn er sagt, daß es keine Feier des Herrenmahls mehr ist, dann bedeutet dies, daß es keine Eucharistie mehr ist. Das ist – auch vom theologischen Standpunkt aus – eine denkbar schwerwiegende Aussage, der man möglicherweise nicht die nötige

Aufmerksamkeit schenkt. Denn diese Situation, in der »der eine hungert und der andere schon betrunken ist«, herrscht unter uns, nicht in unserer direkten Umgebung, sondern weltweit. Das Herrenmahl kann nicht den Gastmählern des reichen Prassers gleichen, wo man fröhlich schwelgte und dabei den armen Lazarus vergaß, der vor der Tür lag. Der Wunsch, mit den Bedürftigen zu teilen, seien sie nun in unserer Nähe oder weit entfernt, muß ein wesentlicher Bestandteil unserer eucharistischen Frömmigkeit und unserer eucharistischen Praxis sein. Es gibt niemanden, der, wenn er es wirklich will, nicht in der Lage wäre, während der Woche eines der von Jesus aufgezählten Werke zu tun, von denen er sagt: »Das habt ihr mir getan!« Denn Teilen ist nicht nur »Geben« (Brot, Kleidung, Obdach), sondern auch »Besuchen« (einen Häftling, einen Kranken, einen alten Menschen, der alleine lebt...). Es geht nicht nur darum, Geld zu geben, sondern auch darum, etwas von seiner Zeit zu geben. Die Armen und Leidenden brauchen Solidarität und Liebe nicht weniger nötig als Brot zum Essen und Kleidung zum Anziehen. Jesus hat gesagt: *Die Armen habt ihr immer bei euch, mich aber habt ihr nicht immer* (Mt 26,11). Das trifft auch insofern zu, als wir am eucharistischen Leib Christi nicht immer teilhaben können, und wenn, dann nur für einige Augenblicke, während wir durch die Armen immer mit ihm in Gemeinschaft stehen können. Die Armen haben wir tatsächlich immer in Reichweite. Jedesmal, wenn wir einem Menschen begegnen, der leidet, und insbesondere, wenn es sich um bestimmte, sehr schwere Leiden handelt, müßten wir mit den Ohren unseres Glaubens in uns die Stimme Christi hören, der zu uns sagt: »Das ist mein Leib!«

Unmittelbar, nachdem er den Aposteln die Bedeutung der Fußwaschung erklärt hatte, sagte Jesus zu ihnen: *Selig seid ihr, wenn ihr das wißt und danach handelt* (Joh 13,17). Auch wir werden selig sein, wenn wir uns nicht damit begnügen werden, diese Dinge zu wissen – daß wir in der Eucharistie zum Dienen und zum Teilen aufgerufen sind –, sondern wenn wir sie auch in die Tat umsetzen werden, möglichst gleich von heute an. Ja, die Eucharistie ist nicht nur ein Mysterium, das man konsekrieren, empfangen, betrachten und anbeten muß, sondern sie ist auch ein Mysterium, das man nachahmen muß.

SIEBTES KAPITEL

»Hier aber ist einer, der mehr ist als Salomo«

Die Eucharistie als Realpräsenz des Herrn

Zu Beginn dieses Meditationszyklus haben wir über die Rolle der Eucharistie in der Heilsgeschichte nachgedacht; dabei sind wir zu dem Ergebnis gekommen, daß das eucharistische Mysterium in unterschiedlicher Weise in der gesamten Heilsgeschichte gegenwärtig ist: im Alten Testament als *Bild*, im Neuen Testament als *Ereignis* und in der Zeit der Kirche als *Sakrament*. Danach haben wir lange bei der Eucharistie als Sakrament verweilt und gezeigt, wie sie durch Konsekration, durch Kommunion, durch Kontemplation und durch Imitation die Kirche »bildet«. In diesen beiden letzten Kapiteln möchte ich das Anfangsthema von der Eucharistie in der Heilsgeschichte wieder aufgreifen, doch den Blick dabei auf die Gegenwart und die Zukunft richten. Das christliche Mysterium – sagt der heilige Thomas – hat stets eine dreifache Dimension: es ist *Gedächtnis* des Vergangenen, *Gegenwart* der Gnade und *Erwartung* der ewigen Vollendung.[1] Deshalb nennt er die Eucharistie »das heilige Mahl, in dem man Christus empfängt: man feiert das Gedächtnis seines Leidens (Vergangenheit), die Seele ist von Gnade erfüllt (Gegenwart), und uns wird das Unterpfand der zukünftigen Herrlichkeit gegeben«[2].

Jetzt wollen wir die Eucharistie als Realpräsenz, als wahrhaftige Gegenwart des Herrn in der Kirche, betrachten und im folgenden Kapitel die Eucharistie als Erwartung der Wiederkunft des Herrn.

1. »Seht, die Wohnung Gottes unter den Menschen!«

Eines Tages, im Sommer, feierte ich die Messe in einem kleinen Mönchskloster. Als Evangelientext war Matthäus 12 vorgesehen. Ich werde nie vergessen, welchen Eindruck jene Worte Jesu auf mich machten: *Hier aber ist einer, der mehr ist als Jona ... Hier aber ist einer, der mehr ist als Salomo.* Es war, als hörte ich sie in diesem Augenblick zum ersten Mal. Plötzlich begriff ich, daß dieses »hier« wirklich »hier« bedeutete, hier und jetzt, an diesem Ort, in diesem Augenblick und nicht nur damals, vor vielen Jahrhunderten, als Jesus auf Erden weilte. Ein Schauder überlief mich und rüttelte mich auf; dort also, direkt vor mir, da war einer, der mehr ist als Jona, mehr als Salomo, mehr als Abraham, mehr als Mose: da war der leibhaftige Sohn Gottes! Und ich verstand, was mit den Worten gemeint war: *Ich bin bei euch alle Tage bis zum Ende der Welt...* (Mt 28,20).

Seit jenem Sommertag sind mir diese Worte in einer neuen Weise lieb und vertraut geworden. Häufig kommt es jetzt vor, daß ich in der Messe, wenn ich mich nach der Konsekration niederknie und wieder erhebe, innerlich die Worte wiederhole: »Hier ist einer, der mehr ist als Jona! Hier ist einer, der mehr ist als Salomo!« Für diese Meditation, in der wir über das Geheimnis der Realpräsenz Jesu in der Eucharistie nachdenken wollen, habe ich kein Wort gefunden, das geeigneter wäre als dieses, um uns als Ausgangspunkt zu dienen und uns in unserem ganzen Gedankengang zu begleiten.

Bevor wir jedoch in das Geheimnis dieser Gegenwart Jesu in der Eucharistie eintreten, wollen wir ein wenig auf der Schwelle verharren und sie gleichsam von außen her auf dem Hintergrund der ganzen Bibel betrachten. In dieser Gesamtschau stellt sich uns die eucharistische Gegenwart als der natürliche Zielhafen der biblischen Gottesoffenbarung dar, als der letzte Pinselstrich an einem Gemälde, das uns das wahre Gesicht Gottes zeigt. Der Gott der Bibel ist ein Gott-mit-uns, ein Gott, der da ist, kein unzugänglicher Gott »fernab aller menschlichen Belange«, wie es der Gott der Philosophen war. Deshalb findet er in der Eucharistie den Ort seiner vollgültigen und endgültigen Offenbarung. Die Eucharistie ist der wahre brennende Dornbusch, in dem Gott seinen Namen offenbart: Jahwe, das heißt – nach der ursprünglichen Bedeutung von Exodus 3,14 – »der *Ich-bin-da*, der *Gegenwärtige*«.

Jesaja führt diese Tradition fort, als er von einem Kind spricht, das Immanuel heißen wird, Gott-mit-uns (vgl. Jes 7,14). Und schließlich tritt das Ereignis ein, das alle diese Verheißungen erfüllt: *Und das Wort ist Fleisch geworden und hat unter uns gewohnt* (Joh 1,14). Die Gegenwart Gottes, die sich vorher in einer Wolke oder in der Herrlichkeit offenbart hatte – jedoch in einer Herrlichkeit, die kam und ging und nicht faßbar war –, diese Gegenwart offenbart sich nun sichtbar und greifbar im Fleisch und bleibt beständig unter uns.

Wir haben das Wort des Lebens gehört, mit unseren Augen gesehen, geschaut und mit unseren Händen angefaßt! (vgl. 1 Joh 1,1). In dieser eindrucksvollen Liste von Partizipien – gehört, gesehen, geschaut, angefaßt – fehlte noch eines: gegessen. Und dieser letzte Schritt wird durch die Einsetzung der Eucharistie vollzogen: »Nehmt, eßt...«; »Wer mein Fleisch ißt, hat das ewige Leben«. Die allgemeine und sozusagen äußerliche Gegenwart Gottes wird dem Menschen innewohnend, und zwar nicht nur im Bereich des Geistigen, des Nicht-Stofflichen (wie es beim Sehen und Hören, in der Kontemplation und im Glauben geschieht), sondern real, konkret und unserer Existenzweise im Fleisch ganz und gar angeglichen. Die Eucharistie ist die letzte Stufe auf dem langen Weg der »Herablassung« Gottes: Schöpfung, Offenbarung, Inkarnation, Eucharistie. Mit Recht hat die Liturgie des Fronleichnamsfestes früher das Wort des Mose auf die Eucharistie angewandt: *Welche große Nation hätte Götter, die ihr so nah sind, wie Jahwe, unser Gott, uns nah ist?* (Dtn 4,7). Vor dem Tabernakel können wir die Worte der Apokalypse mit vollkommener Berechtigung und Wahrheit wiederholen: *Seht, die Wohnung Gottes unter den Menschen!* (Offb 21,3). Ja, die Eucharistie ist mit dem Ostergeheimnis verknüpft, doch ebenso ist sie auf das engste verknüpft mit dem Geheimnis der Inkarnation. Sie ist *Gedächtnis eines*

Ereignisses – des österlichen Pascha – doch sie ist auch *Gegenwart einer Person*: des fleischgewordenen Wortes. Diese innige Verbindung ist im Johannesevangelium im Übergang vom ersten zum sechsten Kapitel veranschaulicht: das Wort ist Fleisch geworden (Inkarnation), und das Fleisch ist »wirklich eine Speise« geworden (Eucharistie). Das ewige Leben, das in der Menschwerdung für uns sichtbar geworden ist (vgl. 1 Joh 1,2), wird nun auch eßbar für uns, wird »Speise des ewigen Lebens«. Die Eucharistie gewinnt ihre unerschöpfliche vergöttlichende Kraft gerade aus der Tatsache, daß sie uns mit dem Fleisch des Gott-Menschen in Berührung bringt.

2. »Behaltet das Gute«

Doch überschreiten wir nun diese Schwelle, vor der wir bisher innegehalten haben; treten wir ein in die lichterfüllte Wolke, hinter den Vorhang, in das »Allerheiligste«, das heißt: nähern wir uns dem eigentlichen Geheimnis der Realpräsenz Jesu in der Eucharistie. Wie aber soll man sich einem so erhabenen und so unbegreiflichen Geheimnis nähern? Unwillkürlich kommen uns die unzähligen Theorien und Diskussionen in den Sinn, die um dieses Thema kreisen, die Unstimmigkeiten zwischen Katholiken und Protestanten, zwischen Lateinern und Orthodoxen, die die Bücher füllen, in denen wir, die wir einer gewissen Altersklasse angehören, Theologie studiert haben, und wir sind versucht zu glauben, daß es unmöglich sei, über dieses Mysterium noch etwas zu sagen, das geeignet wäre, unseren Glauben aufzurichten und unser Herz zu erwärmen, ohne dabei unweigerlich in die Polemik zwischen den Konfessionen abzugleiten. Gerade darin aber besteht das Wunderbare, das der Heilige Geist in unserer Zeit unter allen Christen wirkt. Er drängt uns anzuerkennen, welchen Anteil in unseren eucharistischen Disputen die menschliche Anmaßung hatte, das Mysterium in eine Theorie oder gar in ein Wort einfangen zu können, wie auch der Wille, dem Gegner überlegen zu sein. Er läßt uns Reue darüber empfinden, daß wir das erhabenste Unterpfand der Liebe und Einheit, das unser Herr uns hinterlassen hat, zu einem bevorzugten Streitobjekt unter uns haben werden lassen.

Der Weg, den wir in der eucharistischen Ökumene einschlagen müssen, ist der Weg der gegenseitigen Anerkennung, der christliche Weg der *agape*, das heißt des Miteinander-Teilens. Es geht nicht darum, über wirklich vorhandene Unterschiede hinwegzugehen oder in irgendeinem Punkt von der authentischen katholischen Lehre abzurücken. Es geht vielmehr darum, alle positiven Aspekte und alle wirklichen Werte, die in jeder der einzelnen Traditionen vorhanden sind, zusammenzutragen zu einer »Masse« an gemeinsamer Wahrheit, die uns sodann allmählich zur Einheit hinführen wird. Es ist unglaublich, wie destruktiv und unvereinbar manche Ansichten von Katholiken, Orthodoxen und Protestanten zur Realpräsenz erscheinen, wenn man sie einander als Alternativen gegenüberstellt, und wie wunderbar sie dagegen miteinander in Einklang zu bringen sind, wenn sie im Gleichgewicht zusammengehalten werden. Die Synthese ist es, die wir zustande bringen müssen; wir müssen die großen christlichen Traditionen gleichsam durch ein Sieb schütten und von jeder, wie uns der Apostel ermahnt, »das Gute behalten« (vgl. 1 Thess 5,21). Und dieser Vorgang des Zusammentragens wird dazu führen, daß das, was von Gott ist, sich anhäuft, während das, was vom Menschen ist, verschwindet.

3. Eine reale, aber verborgene Gegenwart: die lateinisch-abendländische Tradition

In diesem Geist wollen wir nun die drei wichtigsten eucharistischen Traditionen – die lateinische, die orthodoxe und die protestantische – untersuchen, um uns an ihrem Reichtum zu erbauen und sie alle in den gemeinsamen Schatz der Kirche zu überführen. Am Ende wird unsere Vorstellung vom Geheimnis der Realpräsenz umfassender und lebendiger sein. In der Sichtweise der lateinischen Theologie ist die unbestrittene Mitte der eucharistischen Handlung, aus der die Realpräsenz Christi hervorgeht, der Augenblick der Konsekration. Dort handelt und spricht Jesus in erster Person. Die lateinische Theologie nimmt darin eine ganze Strömung der patristischen Tradition auf. So schreibt beispielsweise der heilige Ambrosius: »Dieses Brot ist Brot, ehe die sakramentalen Worte ausgesprochen werden; doch durch den Eingriff der Konsekration wird das Brot zum Fleisch Christi (...). Welche Worte bewirken die Wandlung, und wessen Worte sind es? Die Worte Jesu, des Herrn! Alles, was vor diesem Augenblick gesprochen wird, wird vom Priester gesprochen, der Gott lobt und für das Volk, die Könige und alle übrigen betet; doch wenn der Augenblick gekommen ist, das verehrungswürdige Sakrament zu realisieren, gebraucht der Priester nicht mehr seine eigenen Worte, sondern die Worte Christi. Es ist also das Wort, welches das Sakrament vollzieht (*conficit*) (…). Siehst du, wie wirksam (*operatorius*) das Wort Christi ist? Vor der Konsekration war der Leib Christi nicht dort, doch nach der Konsekration – das sage ich dir – ist der Leib Christi sofort gegenwärtig. Er hat gesprochen, und es geschah, er hat geboten, und es wurde geschaffen (vgl. Ps 33,9).«[3]

Wir können hinsichtlich der lateinischen Sichtweise von einem *christologischen Realismus* sprechen. »Christologisch«, weil die gesamte Aufmerksamkeit hier auf Christus gerichtet ist, in seiner historischen und menschgewordenen Existenz ebenso wie in der des Auferstandenen; Christus ist Objekt und Subjekt der Eucharistie, das heißt er ist sowohl derjenige, der in der Eucharistie verwirklicht ist, als auch derjenige, der die Eucharistie verwirklicht! »Realismus«, weil dieser Jesus nicht einfach in einem Zeichen oder Symbol auf dem Altar gegenwärtig erscheint (wie Berengar von Tours es lehrte), sondern wahrhaftig und in seiner Realität. Dieser christologische Realismus kommt – um ein Beispiel zu bringen – in dem Hymnus »Ave verum« zum Ausdruck, den Papst Innozenz IV. für die Wandlungs-Elevation verfaßt hat und in dem es heißt: »Sei gegrüßt, du wahrer Leib, geboren von der Jungfrau Maria, wahrhaft gelitten und geopfert am Kreuz für die Menschen. Aus deiner durchbohrten Seite strömen Wasser und Blut…«.

Später hat das Konzil von Trient die Vorstellung von der Realpräsenz mit Hilfe von drei Adverbien präziser gefaßt: *vere, realiter, substantialiter* (wahrhaft, wirklich, wesenhaft). Jesus ist *wahrhaft* gegenwärtig und nicht nur in bildlichem oder übertragenem Sinne; er ist *wirklich* gegenwärtig und nicht nur in der subjektiven Überzeugung der Gläubigen; und er ist *wesenhaft* gegenwärtig, das heißt in seiner tiefen, für die Sinne nicht erkennbaren Wirklichkeit, und nicht in den äußerlichen Erscheinungsformen, die diejenigen von Brot und Wein bleiben.

Es ist wahr, daß die Gefahr bestehen konnte, in einen »rohen« oder übertriebenen Realismus zu verfallen, so als ob – wie es tatsächlich in einer Formulierung gegen die Irrlehre des Berengar heißt – der Leib und das Blut Christi »sinnenhaft auf dem Altar gegenwärtig wären« und »wirklich von den Händen des Priesters berührt und gebrochen und von den Zähnen der Gläubigen gekaut« würden.[4] Doch die Rettung vor dieser Gefahr liegt in der Überlieferung selbst. Der heilige Augustinus hat ein für allemal klargestellt, daß die Gegenwart Jesu in der Eucharistie »in sacramento« geschieht. Mit anderen Worten: sie ist keine physische, sondern eine sakramentale Gegenwart, vermittelt eben durch die Zeichen von Brot und Wein. In diesem Fall jedoch schließt das *Zeichen die Wirklichkeit* nicht aus, sondern vergegenwärtigt sie in der einzigen Form, in der der »im Geist lebende« auferstandene Christus (vgl. 1 Petr 3,18) für uns, die wir noch im Fleisch leben, gegenwärtig werden kann.

Der heilige Thomas von Aquin – neben dem heiligen Augustinus der andere große Urheber der eucharistischen Spiritualität des Okzidents – sagt dasselbe, wenn er von einer Gegenwart Christi »dem Wesen nach« spricht, unter den Gestalten von Brot und Wein.[5] Denn die Aussage, daß Jesus seinem Wesen nach in der Eucharistie gegenwärtig wird, ist gleichbedeutend mit der Aussage, daß er in seiner wahren und tiefen Wirklichkeit gegenwärtig wird, die nur mit dem Glauben erfaßt werden kann: »Augen, Mund und Hände täuschen sich in dir, doch des Wortes Botschaft offenbart dich mir. Was Gott Sohn gesprochen, nehm ich glaubend an; er ist selbst die Wahrheit, die nicht trügen kann«, singt der heilige Thomas im *Adoro te devote*. Am Beginn dieses Hymnus greift der Heilige die sakramentale Sichtweise des Augustinus auf und entwickelt sie in eigenständiger Weise weiter, indem er sagt, daß Christus in der Eucharistie durch die Zeichen oder die Gestalten gegenwärtig ist: »Gottheit tief verborgen, betend nah ich dir; unter diesen Zeichen bist du wahrhaft hier [wörtl.: verbirgst du dich wahrhaft]«. Der lateinische Ausdruck »vere latitas« ist überaus reich an Bedeutung; er will besagen: du bist verborgen, aber du bist wahrhaftig da (wenn die Betonung auf dem »vere« liegt, auf der Realität der Gegenwart), und er besagt auch: du bist wirklich da, aber verborgen (wenn der Akzent auf »latitas« liegt, auf dem sakramentalen Charakter dieser Gegenwart). Auf diese Weise ist die Gefahr des »rohen« Realismus gebannt. Christus – das sagt wiederum der heilige Thomas in einem anderen eucharistischen Hymnus – »wird nicht zerbrochen von dem, der ihn ißt, er ist nicht gespalten und nicht geteilt, sondern wird unversehrt empfangen«.

Jesus also ist in der Eucharistie auf einzigartige und beispiellose Weise gegenwärtig. Kein Adjektiv vermag für sich allein diese Gegenwart hinreichend zu beschreiben, nicht einmal das Adjektiv »real«. Real kommt von *res* (Sache) und bedeutet: in der Art einer Sache oder eines Gegenstandes; aber Jesus ist in der Eucharistie nicht gegenwärtig als »Sache« oder Gegenstand, sondern als Person. Wenn man dieser Gegenwart überhaupt einen Namen geben will, dann wäre es besser, sie einfach als »eucharistische« Gegenwart zu bezeichnen, weil sie sich nur in der Eucharistie verwirklicht.

4. Das Wirken des Heiligen Geistes: die orthodoxe Tradition

So reich die lateinische Theologie ist, hat sie das Geheimnis doch nicht ausgeschöpft – und könnte dies auch gar nicht. Ihr fehlte es, zumindest in der Vergangenheit, an der notwendigen Aufmerksamkeit für den Heiligen Geist, der gleichwohl für das Verständnis der Eucharistie wesentlich ist. Hier ist nun der Moment gekommen, uns nach Osten zu wenden, um die orthodoxe Überlieferung zu befragen, doch in einer ganz anderen Gesinnung als einst: nicht mehr beunruhigt durch die Unterschiedlichkeit, sondern glücklich über die Ergänzung, die sie für unsere lateinische Sichtweise mit sich bringt. Die orthodoxe Tradition nämlich stellt das Wirken des Heiligen Geistes in der eucharistischen Zelebration klar heraus. Dieser Vergleich hat übrigens nach dem Zweiten Vatikanischen Konzil bereits Früchte getragen. Vorher wurde der Heilige Geist im römischen Kanon der Messe lediglich beiläufig in der abschließenden Doxologie erwähnt: »Durch Christus und mit ihm und in ihm (…) in der Einheit des Heiligen Geistes«. Heute dagegen enthält der neue Kanon in allen seinen Versionen eine doppelte Anrufung des Heiligen Geistes: eine auf die Gaben bezogene vor der Konsekration und eine auf die Kirche bezogene nach der Konsekration.

Die östlichen Liturgien haben die Verwirklichung der Realpräsenz auf dem Altar immer einem besonderen Wirken des Heiligen Geistes zugeschrieben, so daß sie bekanntlich in der Epiklese und nicht in der Konsekration den präzisen Moment erblickten, von dem an Christus gegenwärtig ist (allerdings erst später, nach dem Ikonoklasmus). In der Anaphora, die in der antiochenischen Kirche in Gebrauch ist und vom heiligen Jakobus stammen soll, wird der Heilige Geist mit diesen Worten angerufen: »Sende auf uns und auf diese heiligen dargebrachten Gaben deinen heiligsten Geist herab, den Herrn und Lebensspender, der thront mit dir, Gott und Vater, und deinem einzigen Sohn. Er herrscht, wesensgleich und ewig; er hat gesprochen im Gesetz und in den Propheten und im Neuen Testament; er ist in der Gestalt einer Taube im Jordanfluß auf unseren Herrn Jesus Christus herabgekommen und auf ihm geblieben; er ist am Pfingsttag in der Gestalt von

Feuerzungen auf die Apostel herabgekommen. Sende diesen deinen dreimal heiligen Geist, Herr, auf uns und auf diese heiligen dargebrachten Gaben herab, damit er durch sein heiliges, gütiges und glorreiches Kommen dieses Brot heilige und zum heiligen Leib Christi mache (Amen), diesen Kelch heilige und zum kostbaren Blut Christi mache (Amen)«.

Dies ist weit mehr als die bloße Hinzufügung einer Anrufung des Heiligen Geistes. Es ist ein umfassender und durchdringender Blick in die gesamte Heilsgeschichte, der uns hilft, eine neue Dimension des eucharistischen Mysteriums zu entdecken. Ausgehend von den Worten des Glaubensbekenntnisses von Nizäa-Konstantinopel, das vom Heiligen Geist sagt, daß er »Herr ist und lebendig macht« und »gesprochen hat durch die Propheten«, weitet sich die Perspektive aus zu einer regelrechten »Geschichte« des Heiligen Geistes. Er hat überall dort gewirkt, wo es darum ging, Leben zu spenden. Am Anfang war Adam eine unbewegliche Lehmfigur, doch ihm wurde »Lebensodem« eingehaucht, und der Mensch wurde ein lebendiges Wesen. Als es darum ging, den Neuen Adam ins Leben zu rufen, war es wieder der Heilige Geist, der über Maria kam, um in ihr dem Erlöser Leben zu geben. Im Abendmahlssaal haben wir noch eine Handvoll verängstigter und verunsicherter Menschen, eine Art unbeweglicher Leib, wie jener des ersten Menschen; doch abermals kommt der Hauch des Geistes, und die lebendige Kirche entsteht. Jedesmal ist es der Geist, der das Leben und die Heilsgeschichte einen Qualitätssprung machen läßt.

Die Eucharistie führt diese Reihe von wunderbaren Eingriffen zur Vollendung. Der Heilige Geist, der an Ostern in das Grab einbrach, den leblosen Leib Jesu »berührte« und zum Leben erweckte, wiederholt dieses Wunder in der Eucharistie. Er kommt herab auf Brot und Wein, tote Materie, und gibt ihnen Leben, macht sie zum lebendigen Leib und zum lebendigen Blut des Erlösers. Wahrhaftig – wie Jesus selbst sagte, als er von der Eucharistie sprach: *Der Geist ist es, der lebendig macht* (Joh 6,63). Ein großer Vertreter der eucharistischen Tradition der Ostkirche, Theodorus von Mopsuestia, schreibt: »Kraft der liturgischen Handlung wird unser Herr Jesus Christus gleichsam von den Toten auferweckt und gießt seine Gnade aus über uns alle durch das Kommen des Heiligen Geistes (...). Wenn der Zelebrant erklärt, daß dieses Brot und dieser Wein der Leib und das Blut Christi sind, bestätigt er, daß sie durch die Berührung des Heiligen Geistes dazu geworden sind. Es geschieht dasselbe, was mit dem natürlichen Leib Christi geschah, als er den Heiligen Geist und seine Salbung empfing. In jenem Augenblick der Ankunft des Heiligen Geistes, so glauben wir, erhalten Brot und Wein eine Art Gnadensalbung. Und von da an, so glauben wir, sind sie der Leib und das Blut Christi, unsterblich, unverweslich, leidensunfähig und unwandelbar von Natur aus, wie der Leib Christi nach der Auferstehung.«[6]

Es ist jedoch wichtig, eines nicht zu vergessen: der Heilige Geist wirkt nicht getrennt von Jesus, sondern innerhalb des Wortes Jesu. Von ihm hat Jesus gesagt: *Er wird nicht aus sich selbst heraus reden, sondern er wird sagen, was er hört (...). Er wird mich verherrlichen, denn er wird von dem, was mein ist, nehmen und es euch verkünden* (Joh 16,13-14). Deswegen müssen die Worte Jesu (»Das ist mein Leib«) auch nicht von den Worten der Epiklese (»Der Heilige Geist lasse dieses Brot zum Leib Christi werden«) getrennt, geschweige denn ihnen entgegengesetzt werden. Gerade aus der Tiefe des eucharistischen Mysteriums erklingt der Ruf nach Einheit zwischen den Katholiken und ihren orthodoxen Brüdern. Auch wenn aus sachlichen Gründen das Gedächtnis der Einsetzung und die Anrufung des Heiligen Geistes nicht gleichzeitig vollzogen werden (der Mensch vermag das Geheimnis nicht in einem einzigen Augenblick zum Ausdruck zu bringen), sind sie im Wirken doch miteinander verbunden. Natürlich liegt die Wirkungskraft des Heiligen Geistes zugrunde (und nicht die des Priesters oder der Kirche), aber diese Wirkungskraft vollzieht sich innerhalb des Wortes Christi und durch es. Der heilige Ambrosius rief in dem oben zitierten Text aus: »Siehst du, wie wirksam das Wort Christi ist?« Und nun wissen wir auch, von wem es diese Wirksamkeit erhält: vom Heiligen Geist! Jesus sagt: »Das ist mein Leib«, das heißt: »Ich will, daß dieses Brot mein Leib sei«. Und jedesmal erfüllt der Heilige Geist diesen Willen Jesu. Es vollzieht sich jenes wundersame »Zusammenwirken«, das ich schon einmal erwähnt habe: in der Konsekration gibt der Heilige Geist uns Jesus, damit Jesus uns in der Kommunion den Heiligen Geist geben kann.

Die Wirkungskraft, die Jesus auf dem Altar gegenwärtig werden läßt, ist – so habe ich gesagt –

nicht die der Kirche, aber – das füge ich nun hinzu – sie kommt auch nicht ohne die Kirche zustande. Die Kirche ist das lebendige Werkzeug, und der Heilige Geist wirkt durch sie und mit ihr gemeinsam. Wenn Jesus auf den Altar herabkommt, dann ist es wie bei seinem letzten Kommen in Herrlichkeit: *Der Geist und die Braut* (die Kirche!) *sagen* zu Jesus: *Komm!* (vgl. Offb 22,17). Und er kommt.

5. Die Bedeutung des Glaubens: die protestantische Spiritualität

Die lateinisch-abendländische Tradition hat betont, »wer« in der Eucharistie zugegen ist, Christus; die orthodoxe Tradition hat betont, »von wem« seine Gegenwart bewirkt wird, vom Heiligen Geist; die protestantische Theologie betont, »auf wen« diese Gegenwart wirkt, mit anderen Worten: unter welchen Bedingungen die Bedeutung des Sakramentes in dem, der es empfängt, tatsächlich wirksam wird. Diese Bedingungen sind unterschiedlich, aber sie lassen sich in einem Wort zusammenfassen: Glauben.

Wir wollen uns nicht sofort mit den negativen Folgen befassen, die das protestantische Prinzip, wonach die Sakramente nur »Zeichen des Glaubens« seien, in bestimmten Epochen gezeigt hat. Übergehen wir die Mißverständnisse und die Polemik, und dann stellen wir fest, daß dieser energische Aufruf zum Glauben heilsam ist, gerade um das

Sakrament zu retten und es nicht (wie es zur Zeit Luthers geschehen war, und nicht nur damals) zu einem der »guten Werke« verkommen zu lassen oder zu etwas, das gleichsam von selbst und in magischer Weise wirkt, beinahe ohne daß der Mensch es weiß. Es geht im Grunde darum, die tiefe Bedeutung des Ausrufs zu entdecken, den die Liturgie am Ende der Konsekration ertönen läßt und der – wir erinnern uns daran – früher sogar im Zentrum der Konsekrationsformel stand, wie um zu unterstreichen, daß der Glaube wesentlicher Teil des Mysteriums ist: »Mysterium fidei«, Geheimnis des Glaubens!

Der Glaube »macht« das Sakrament nicht, sondern »empfängt« es nur. Allein das von der Kirche wiederholte und vom Heiligen Geist wirksam gemachte Wort Christi »macht« das Sakrament. Was für einen Nutzen aber hätte ein Sakrament, das nur »gemacht«, aber nicht »empfangen« wird? Männer wie Origenes, der heilige Augustinus oder der heilige Bernhard haben in bezug auf die Inkarnation gesagt: »Was nützt es mir, daß Christus einmal von Maria in Betlehem geboren worden ist, wenn er nicht durch den Glauben auch in meinem Herzen geboren wird?« Dasselbe gilt auch von der Eucharistie: was nützt es mir, daß Christus wirklich auf dem Altar gegenwärtig ist, wenn er nicht für mich gegenwärtig ist? Es wäre völlig sinnlos, wenn es irgendwo eine Sendestation gäbe, aber kein Empfangsgerät, das die von ihr ausgesandten Wellen auffängt. Es gibt keine Musik ohne das Ohr, das sie hören kann. Schon als Jesus physisch auf Erden lebte, bedurfte es des Glaubens, andernfalls – wie er selbst es oft im Evangelium wiederholt – diente seine Gegenwart zu nichts als zur Verurteilung: »Weh dir, Chorazin, weh dir, Kafarnaum!«

Der Glaube ist notwendig, damit die Gegenwart Jesu nicht nur »real«, sondern auch »personal« sei, das heißt von Person zu Person. Denn »da sein« und »gegenwärtig sein« ist zweierlei. Gegenwart braucht jemanden, der da ist, und jemanden, bei dem er ist; sie setzt wechselseitige Kommunikation voraus, den Austausch zwischen zwei freien Personen, die einander wahrnehmen. Es ist also viel mehr als die bloße Anwesenheit an einem bestimmten Ort.

Eine solche subjektive und existentielle Dimension der eucharistischen Gegenwart hebt die objektive Gegenwart nicht auf, die dem menschlichen Glauben zuvorkommt, sie setzt sie vielmehr voraus und bringt sie zur Geltung. Luther, der die Rolle des Glaubens so sehr hervorgehoben hat, gehört auch zu denen, die mit größtem Nachdruck die Realpräsenz Christi im Altarsakrament verfochten haben. Im Laufe eines Disputes mit anderen Reformatoren über dieses Thema (Berichte darüber sind in Latein erhalten) wird er nicht müde, mit verschiedenen Worten immer wieder die gleiche Grundauffassung zu bekräftigen: »Ich kann die Worte ›Das ist mein Leib‹ nicht anders verstehen als sie lauten. Es ist Sache der anderen zu beweisen, daß der Leib Christi nicht da ist, wo das Wort sagt: ›Das ist mein Leib‹. Ich will keine vernunftmäßigen Erklärungen hören. Angesichts so klarer Worte erlaube ich keine Fragen; Vernunft und gesunden Menschenverstand weise ich zurück. Materielle Beweise, geometrische Argumentationen: all das lehne ich völlig ab. Gott ist über jede Mathematik erhaben, und das Wort Gottes muß man voller Staunen anbeten.«[7]

Der flüchtige Blick, den wir auf den Reichtum der verschiedenen christlichen Traditionen geworfen haben, hat genügt, um uns eine Vorstellung davon zu geben, welch unfaßbar großes Geschenk der Kirche zugänglich wird, wenn die einzelnen christlichen Konfessionen sich entschließen, ihre geistigen Güter zusammenzulegen, wie es die ersten Christen getan haben, von denen es heißt, daß sie »alles gemeinsam hatten« (vgl. Apg 2,44). Es geschieht, was bei der Wiedererrichtung des Tempels geschehen ist zur Zeit des Propheten Haggai. Die Israeliten waren alle eifrig damit beschäftigt, ihre eigenen Häuser wiederaufzubauen und zu verschönern, als Gott durch den Propheten seine Stimme hören ließ: *Ist etwa die Zeit gekommen, daß ihr in euren getäfelten Häusern wohnt, während dieses Haus in Trümmern liegt?* (Hag 1,4). Daraufhin begann das Volk, Bauholz auf den Berg zu schaffen, um den Tempel Gottes wiederaufzubauen, und Gott freute sich über sie und offenbarte seine Herrlichkeit.

Noch heute glaube ich diese Klage Gottes zu hören, und diesmal richtet sie sich an uns Christen: Ist etwa die Zeit gekommen, daß ihr ruhig seid, jeder zufrieden mit seiner eigenen »Kirche«, während der Leib meines Sohnes noch immer zerteilt ist? Der heilige Paulus führte die Schwäche der Gemeinde von Korinth auf zwei Dinge zurück: auf die Tatsache, daß sie das Brot des Herrn »unwürdig« aßen (also auf ihr schlechtes Verhalten), und auf die Tatsache, daß sie es »getrennt voneinander«

aßen (also auf die Spaltungen unter ihnen). Denn es gab einige, die in der Zufriedenheit, alles bei sich zu haben, um satt zu werden, ihre eigene Mahlzeit verzehrten, ohne die anderen auch nur im geringsten zu beachten (vgl. 1 Kor 11,20ff.). Wir müssen auf die Mahnung hören, die für uns darin enthalten ist; wir müssen lernen, beim Herrenmahl auf einander zu »warten« und die Reichtümer der eigenen Überlieferung mit allen zu teilen, denn wir dürfen nicht glauben, daß wir alles haben, und deshalb die Schätze der anderen verschmähen. Das ist die größte *agape*, ein Liebesmahl der ganzen Kirche, und Gott legt uns das Verlangen danach ins Herz, um der Freude unseres gemeinsamen Vaters und um der Wiedererstarkung seiner Kirche willen.

6. Empfinden einer Gegenwart

Wir sind nun am Ende unserer kleinen eucharistischen Pilgerfahrt durch die verschiedenen christlichen Konfessionen angelangt. Auch wir haben einige Körbe voller Brotstücke eingesammelt, die von der großen Brotvermehrung übriggeblieben sind, die in der Kirche stattgefunden hat. Aber wir können unsere Meditation über das Mysterium der Realpräsenz nicht hier enden lassen. Das wäre so, als hätten wir die Brotstücke eingesammelt, würden sie aber nicht essen. Der Glaube an die Realpräsenz ist von großer Wichtigkeit, aber er genügt uns nicht, zumindest nicht der in einer bestimmten Weise verstandene Glaube. Es genügt nicht, von der wirklichen Gegenwart Jesu in der Eucharistie eine exakte, eingehende und theologisch unanfechtbare Vorstellung zu haben. Wie viele Theologen gibt es, die alles über dieses Geheimnis wissen: von den Streitgesprächen zur Zeit Berengars bis heute, wo es um Transsubstantiation und Transsignifikation geht, aber sie kennen die Realpräsenz nicht. Denn eine Sache im biblischen Sinne »kennen« heißt, sie erfahren zu haben. Das Feuer kennt man nur dann wirklich, wenn einem mindestens einmal eine Flamme zu nahe gekommen ist und man sich schleunigst hat zurückziehen müssen, um sich nicht zu verbrennen.

Der heilige Gregor von Nyssa hat uns einen wunderbaren Ausdruck hinterlassen, um diese höchste Ebene des Glaubens zu bezeichnen; er spricht von einem »Empfinden einer Gegenwart« (*aisthesis parousias*)[8], das man hat, wenn man von der Gegenwart Gottes ergriffen wird, wenn man eine gewisse Wahrnehmung (nicht nur Vorstellung) davon hat, daß er gegenwärtig ist. Es handelt sich nicht um eine natürliche Wahrnehmung; sie ist Frucht einer Gnade, die gleichsam einen Durchbruch in eine andere Ebene, einen Qualitätssprung bewirkt. Etwas sehr Ähnliches geschah, wenn sich Jesus nach der Auferstehung jemandem zu erkennen gab. Das war etwas Unvorhersehbares, das die Verfassung einer Person mit einem Schlag völlig änderte. Am Ostermorgen erscheint Jesus Maria; er sagt zu ihr: *Frau, warum weinst du?*; doch sie hält ihn für den Gärtner. Noch geschieht nichts – ein normales Gespräch zweier Menschen. Doch dann spricht Jesus sie mit ihrem Namen an: *Maria!*, und plötzlich ist es, als würde ein Schleier zerreißen: *Rabbuni!* Du bist es, Meister! (Joh 20,11ff.). Einige Tage danach sind die Apostel auf dem See und fischen; am Ufer erscheint ein Mann. Es kommt zu einem Gespräch über die Entfernung hinweg: *Habt ihr nicht etwas zu essen?*; sie antworten: *Nein!* Da aber springt ein Funke über in das Herz des Johannes, und er stößt einen Schrei aus: *Es ist der Herr!* – die Situation ist völlig verändert, und sie eilen auf das Ufer zu (vgl. Joh 21,4ff.). Dasselbe, wenn auch in etwas ruhigerer Form, widerfuhr den Emmausjüngern; Jesus ging mit ihnen, *doch sie waren wie mit Blindheit geschlagen*; schließlich, beim Brotbrechen, geschah es plötzlich: *es gingen ihnen die Augen auf, und sie erkannten ihn* (Lk 24,13ff.).

Etwas Ähnliches geschieht nun auch, wenn ein Christ, der Jesus viele, viele Male in der Eucharistie empfangen hat, ihn endlich durch ein Geschenk der Gnade »erkennt« und die Wahrheit jener Worte begreift: *Hier ist einer, der mehr ist als Salomo!* Aus einer solchen Erfahrung entstand im Schoß der katholischen Kirche die Bewegung der charismatischen Erneuerung. Einige junge katholische Amerikaner verbrachten ihr Wochenende in einem Exerzitienhaus. Am Abend befanden sie sich gemeinsam in der Kapelle vor dem Allerheiligsten, als plötzlich etwas Einzigartiges geschah, das einer von ihnen später so beschrieben hat: »Furcht des Herrn begann sich unter uns zu verbreiten; eine Art heiliger Schrecken hinderte uns daran, die Augen zu heben. Er war da, persönlich gegenwärtig, und wir hatten Angst, seiner unermeßlichen Liebe nicht standzuhalten. Wir beteten ihn an und begriffen zum ersten

Mal, was Anbetung heißt. Wir machten die brennende Erfahrung der furchtbaren Wirklichkeit und Gegenwart des Herrn. Seither haben wir mit einer neuen und unmittelbaren Klarheit die Bilder von Jahwe begriffen, der auf dem Berg Sinai donnernd hervorbricht im Feuer seines eigenen Seins; wir haben die Erfahrung Jesajas begriffen und die Aussage, wonach ›unser Gott ein verzehrendes Feuer‹ ist. Diese heilige Furcht war in gewisser Weise dasselbe wie Liebe oder wurde zumindest so von uns empfunden. Es war etwas in höchstem Maße Liebenswertes und Schönes, auch wenn niemand von uns ein sinnlich wahrnehmbares Bild sah. Es war, als ob die persönliche Wirklichkeit Gottes mit ihrem blendenden Glanz in den Raum gekommen wäre und ihn und uns zugleich erfüllt hätte.«[9]

7. Unsere Antwort auf das Geheimnis der Realpräsenz

Aus dem Glauben und aus dem »Empfinden« der Realpräsenz muß spontan die Ehrfurcht und – mehr noch – die zärtliche Liebe zu Jesus im Sakrament aufkeimen. Dies ist eine so zarte und persönliche Empfindung, daß man schon Gefahr läuft, sie zu verletzen, wenn man nur über sie spricht. Hören wir noch einmal den heiligen Franz von Assisi, der uns im Verlauf dieser Meditationen so oft ein Lehrer eucharistischer Frömmigkeit gewesen ist. Sein Herz war erfüllt von solchen Empfindungen der Ehrfurcht und der Zärtlichkeit. In seinem »Brief an die

Kleriker« über die Verehrung des Leibes Christi schreibt er tief betrübt: »Alle jene aber, die solche hochheiligen Geheimnisse verwalten, und besonders die, welche sie in unerlaubter Weise verwalten, mögen in ihrem Innern bedenken, wie minderwertig die Kelche, Korporalien und Leintücher sind, auf denen sein Leib und Blut geopfert werden. Und von vielen wird er an gewöhnlichen Orten hingelegt und liegengelassen, in kläglicher Weise getragen und unwürdig empfangen und unterschiedslos anderen ausgeteilt (...). Werden wir nicht von all dem in liebender Hingabe bewegt, da er, der gütige Herr, sich selbst in unseren Händen darbietet und wir ihn berühren und täglich durch unseren Mund empfangen? Oder wissen wir nicht, daß wir in seine Hände gelangen müssen? Daher wollen wir uns in all diesen und in den anderen Dingen schnell und gründlich bessern«[10].

Der »Poverello« ist vor Jesus im Sakrament in der gleichen Weise ergriffen, wie er es in Greccio vor dem Kind von Betlehem gewesen war; er sieht ihn so den Menschen anvertraut, so wehrlos, so demütig: so demütig vor allem. Für ihn geht es immer um denselben lebendigen und konkreten Jesus, nie um eine theologische Abstraktion. »Und deswegen tue ich das«, so schreibt er in seinem Testament, »weil ich leiblicherweise von ihm, dem höchsten Sohn Gottes, in dieser Welt nichts sehe als seinen heiligsten Leib und sein heiligstes Blut«[11].

Die Eucharistie ist die größte Verantwortung der Kirche in der Geschichte. Die Kirche ist für so vieles verantwortlich: für eine intakte Lehre, für die Menschen, für eine Kultur, für Kunstschätze. Doch all diese Verantwortung ist unbedeutend im Vergleich zu der, die sie für den Leib und das Blut des Heilandes hat, den Kaufpreis ihrer Erlösung.

Früher, in den ersten Jahrhunderten des Christentums, gab es die sogenannte »Arkandisziplin«. Man durfte nicht achtlos oder leichtfertig von der Eucharistie sprechen, geschweige denn sie jedem zeigen. Den Konvertiten wurde das eucharistische Geheimnis erst in der Woche nach der Taufe vollständig enthüllt: den Neugetauften also, nicht den Katechumenen. Dieser Augenblick wurde, gerade wegen des Geheimnisvollen, das ihn umgab, mit großer Spannung erwartet. Warum, so fragen wir uns heute, diese Vorsichtsmaßnahmen? War es vielleicht nur aus Furcht vor Spott und Entweihung durch die Heiden? Gewiß hatte man auch davor Angst; doch im Grunde war dies der Ausdruck eines Gefühls der Verehrung und des frommen Staunens angesichts einer so großen Nähe Gottes. *Arcanum* (das Geheimnisvolle) kommt von *arca* (Arche, Bundeslade) und das wiederum von *arcere*, was soviel heißt wie fernhalten, verbergen, schützen vor den Blicken der Welt. Deshalb wurde die Eucharistie in Inschriften und Bildern unter dem Zeichen des Fisches und anderen Symbolen vor den Heiden verborgen. Vielleicht ist die Zeit gekommen, diese Arkandisziplin wieder einzuführen. Nicht formal, aber im Geist. Heute besteht nicht so sehr die Gefahr, daß die Eucharistie entweiht wird (obwohl leider auch das vorkommt), als vielmehr, daß sie banalisiert, als etwas »Gewöhnliches« betrachtet wird, mit dem man ganz unbefangen und leichtfertig umgehen kann. Die Priester müssen vor allem sich selbst diese Dinge bewußt machen, denn sie sind es, die täglich mit dem Leib und dem Blut Christi zu tun haben, sie sind die von der Kirche mit dieser Aufgabe betrauten »Hüter«, und sie sind am meisten der Gefahr der Gewöhnung ausgesetzt, der Gefahr, zu vergessen, daß es sich um Gott handelt und daß Gott angebetet werden muß. Wenn es sich um Gott handelt, muß die Vertrautheit stets mit der Ehrfurcht einhergehen.

Die erste eucharistische Katechese für eine Gemeinde ist die Art ihres Pfarrers, wie er am Altar steht und sich vor dem Allerheiligsten bewegt. Eine Kniebeuge vor dem Tabernakel kann, in einer bestimmten Weise ausgeführt, eine ganze Predigt über die Realpräsenz ersetzen. Es gibt so viele kleine Hinweise, an denen deutlich wird, wie sehr die Gegenwart Jesu in einer christlichen Gemeinschaft empfunden wird: stets reine Tücher, eine Blume, sogar eine allein, aber diese immer frisch, ein gut instandgehaltenes Ewiges Licht… Man sollte mit seiner Geringschätzung der äußeren Zeichen nicht allzu voreilig sein. Wenn der Sohn Gottes es nicht verschmäht hat, seine Liebe zu uns an Zeichen wie eben den eucharistischen Zeichen sichtbar werden zu lassen, warum sollten wir uns dann scheuen, ihm auch unsere Liebe mit Zeichen kundzutun? Gewiß, Jesus freut sich nicht an Gesten des Körpers, sondern an Gefühlen des Herzens; aber wir sind es doch, die angewiesen sind auf die körperlichen Gesten, um die Gefühle des Herzens zu wecken und auszudrücken. Die Aufmerksamkeit und das Zartgefühl (nicht aber aufgesetztes Getue!), die dem Allerheiligsten Sakrament in einer Kirche entgegengebracht werden, sind das Thermometer, an dem man den Glauben und die Frömmigkeit des Priesters und der Gemeinde, die dort zusammenkommt, ablesen kann.

Jemand, der nicht an die Realpräsenz glaubte, hat einmal gesagt: »Wenn ich glauben könnte, daß Gott wirklich dort auf dem Altar ist, dann würde ich, glaube ich, auf die Knie fallen und nicht mehr aufstehen«. Zwar ist es vielleicht nicht genau das, was Jesus von uns verlangt, denn es gibt auch noch die Pflichten der Nächstenliebe und des brüderlichen Dienens; das heißt, er verlangt nicht von uns, körperlich immer vor ihm auf den Knien zu liegen, wohl aber geistig, mit dem Herzen. Es ist möglich, mit dem Herzen in Anbetung vor dem Allerheiligsten zu verharren, während unsere Hände arbeiten, die Absolution erteilen, schreiben. Das Leben jedes Christen, aber besonders das der Ordensleute und Priester, muß auf den Tabernakel hin ausgerichtet sein. Nach einer ebenfalls sehr, sehr alten Tradition sind alle Kirchen immer »geostet«, das heißt nach Osten ausgerichtet, »orientiert«, weil dort im Orient, in Jerusalem, Christus sich geopfert hat und auferstanden ist. Auch der Tempel unseres Herzens muß nach Osten gerichtet sein, zur Sonne der Gerechtigkeit, die von der Eucharistie her auf die Kirche ausstrahlt. Jesus hat gesagt, daß dort, wo sich unser Schatz befinde, auch unser Herz sei (vgl. Mt 6,21). Doch der größte Schatz, den wir auf Erden besitzen (der im Acker vergrabene Schatz), ist eben der eucharistische Jesus. Möge unser Herz immer dort sein, möge es nach der Ruhe der Nacht dahin zurückkehren, möge seine Wohnung im

Tabernakel sein. Es ist möglich, im Geiste stundenlang auf den Knien vor dem Allerheiligsten zu verweilen und doch zu arbeiten oder im Zug unterwegs zu sein…

Sehr wichtig ist es, die innere Sammlung zu üben, für den Gegenwärtigen gegenwärtig zu sein. Die Gegenwart – das haben wir gesehen – verlangt auch auf der anderen Seite Gegenwart. Wir aber sind meistens abwesend. Wenn Gott der ist, »der da ist«, dann ist der Mensch derjenige, »der nicht da ist«, der draußen lebt, entfremdet, »in einem fernen Land«. In Erinnerung an die Zeit vor seiner Bekehrung rief der heilige Augustinus traurig aus: »Du warst bei mir, aber ich war nicht bei dir!«[12] Um Jesus im Sakrament zu begegnen, muß man in sich selbst zurückkehren.

Als die Emmausjünger den Herrn am Brechen des Brotes »erkannten«, eilten sie sofort, ohne sich darum zu kümmern, daß es schon »bald Abend« war, nach Jerusalem, um es den anderen Jüngern zu sagen, die dort geblieben waren. Wer den Herrn in der Eucharistie wirklich erkannt hat, der wird ganz von selbst zum Apostel der Realpräsenz. Der Glaube mündet in die Erfahrung, die Erfahrung mündet in die Zeugenschaft. Johannes der Täufer ist das unübertreffliche Beispiel dafür, wie man das Geheimnis der Realpräsenz verkündet. Nicht mit vielen Worten, wie auch ich es in dieser Meditation getan habe, sondern einfach »in Geist und Kraft«, indem man ausruft: *Mitten unter euch steht der, den ihr nicht kennt!* (Joh 1,26). Er ist ein »Wegweiser«, einer, der mit dem Finger entschieden in eine bestimmte Richtung weist und sagt: *Seht, das Lamm*

Gottes!, und alle sehen dorthin und lassen ihn stehen, um dem Lamm zu folgen (vgl. Joh 1,35ff.). Wir haben über die wirkliche Gegenwart Jesu in unserer Mitte nachgedacht; erinnern wir uns zum Schluß, daß sie nicht nur ein Geschenk ist, sondern auch, wie ich bereits sagte, eine Verantwortung. An jenem Tag sprach Jesus: *Die Königin des Südens wird beim Gericht gegen diese Generation auftreten und sie verurteilen; denn sie kam vom Ende der Erde, um die Weisheit Salomos zu hören. Hier aber ist einer, der mehr ist als Salomo!*

ACHTES KAPITEL

»Bis er kommt«

Die Eucharistie als Warten auf die Wiederkunft des Herrn

Sooft ihr von diesem Brot eßt und aus dem Kelch trinkt, verkündet ihr den Tod des Herrn, bis er kommt (1 Kor 11,26). Dieses Wort des Apostels findet in jeder Messe seinen Widerhall, denn nach der Konsekration beten wir: »Deinen Tod, o Herr, verkünden wir, und deine Auferstehung preisen wir, bis du kommst in Herrlichkeit!« Das ist ein Echo des *Maranatha*, des »Komm, Herr!« (oder »Der Herr kommt!«), das während der Eucharistiefeier in der Frühzeit der Kirche zu hören war. Der heilige Hieronymus spricht von einer »apostolischen Tradition«, die sich bis zu seiner Zeit bewahrt hatte, wonach es in der Osternacht nicht erlaubt war, die Gemeinde vor Mitternacht zu entlassen, weil es bis zu diesem Augenblick noch immer geschehen konnte, daß der Herr wiederkam.[1] Das beweist, wie konkret und aufrichtig man in der Liturgie der Urkirche die Wiederkunft Christi erwartete.

1. »Sursum corda!«

Das Warten auf die Wiederkunft des Herrn (die »eschatologische Spannung«) ist kein ausschließlich subjektiver Sachverhalt – also etwas, das nur in der Vorstellung derjenigen existiert, die das Sakrament der Eucharistie empfangen –, sondern wurzelt im Gegenteil in den Tiefen des Geheimnisses selbst, gehört zum Wesenskern der Eucharistiefeier.

Schon das jüdische Pascha kannte diese Erwartung, wenn auch wiederum nur »im Bild«. Das Lamm mußte man essen »die Hüften gegürtet, Schuhe an den Füßen, den Stab in der Hand und hastig« (vgl. Ex 12,11), wie jemand, der im Begriff ist abzureisen. Der Name selbst, »Pascha«, wurde gedeutet als »Übergang« oder »Auszug«, weil es den Übergang des Menschen aus Ägypten in das Land der Verheißung, aus dieser Welt zum Vater bezeichnete. In der Eucharistie ist nun diese »Hast«, dieses Vorwärtsdrängen vergeistigt und vertieft. Es ist die Art an sich, in der Jesus im Sakrament gegenwärtig ist, die im Herzen die Erwartung und die Sehnsucht nach etwas anderem aufkommen läßt. Diese Gegenwart ist eine »verhüllte« Gegenwart, das heißt sozusagen eine Gegenwart-Abwesenheit. Wie bei der Inkarnation, so offenbart sich Gott auch in der Eucharistie, indem er sich verhüllt, und es könnte auch gar nicht anders sein, ohne daß das Geschöpf vom Glanz seiner Majestät vernichtet würde. Doch gerade dieses sein Verhülltsein läßt die Sehnsucht nach Enthüllung entstehen, nach einer Schau »ohne Schleier«. Dies begreift, wer liebt. Und der Verfasser jener Worte, die wir im *Adoro te devote* singen, hatte es sehr gut begriffen: »Jesus, den verborgen jetzt mein Auge sieht, stille mein Verlangen, das mich heiß durchglüht: laß die Schleier fallen einst in deinem Licht, daß ich selig schaue, Herr, dein Angesicht (revelata facie)!« Dem Liebenden kann eine verborgene und teilweise Gegenwart nicht genügen. Im »Lied der Seele, die sich danach verzehrt, den Herrn zu sehen« (so der Titel) spricht der heilige Johannes vom Kreuz in diesen Worten, die ihm sicherlich die Erfahrung eingegeben hat, von der Eucharistie:

»Wenn, um die Qual zu lindern,
ich dich im Sakrament betrachte,
vergrößert meine Leiden
der Schleier, der dich verbirgt.
Alles ist Pein für mich,
solange ich auf Erden weile:
ich sterbe, weil ich nicht sterbe.«

Statt den Durst nach der Gegenwart Gottes zu löschen, vergrößert ihn die Eucharistie und macht ihn nur noch qualvoller. Der heilige Paulus sagt dasselbe mit dem Bild der »Erstlingsgaben«. Wir erfreuen uns an den Erstlingsgaben des Geistes, doch gerade indem wir uns an ihnen erfreuen, wird uns bewußt, daß die Erstlingsgaben uns nicht genügen; die Erstlingsgaben lassen uns die gesamte Ernte erwarten, sie wecken in uns die Sehnsucht nach dem Ganzen. Deshalb – so fügt der Apostel hinzu – *seufzen wir in unserem Herzen und warten darauf, daß wir mit der Erlösung unseres Leibes als Söhne offenbar werden* (Röm 8,23).

Auf diese Weise bringt die Eucharistie die eigentliche Natur unseres Christseins zum Ausdruck. Sie ist der Augenblick, da sich die Kirche in besonderem Maße als »Pilgerin« erfährt, als die, die auf dem Weg ist. Die Eucharistie ist die »Pilgerspeise«, das Sakrament des Exodus, der noch immer andauert, das Sakrament des Pascha, des »Überganges«. In der Einleitung zur Präfation in der Messe erklingt seit den frühesten Zeiten der Kirche der Ruf: »*Sursum corda!*«, Erhebet die Herzen! Und Augustinus schreibt dazu: »Das ganze Leben der wahren Christen ist ein ›sursum cor‹. Was bedeutet es, die Herzen zu ›erheben‹? Es bedeutet, die Hoffnung auf Gott zu richten. Wenn ihr den Priester sagen hört: ›Sursum corda‹, dann antwortet ihr: ›Habemus ad Dominum!‹, wir haben sie beim Herrn. Verhaltet euch so, daß eure Antwort wahr ist«[2]. Zahlreiche Kirchenväter unterschieden in Bezug auf den Text aus dem Hebräerbrief 10,1 drei Phasen oder drei Zeiten in der Heilsgeschichte: die Zeit des *Schattens*, die des *Bildes* und die der *Wirklichkeit*. »Der Schatten ist im Gesetz, das Bild im Evangelium, doch die Wirklichkeit im Himmel. Hier wandeln wir im Bild; einst, wenn die Fülle der Vollendung gekommen sein wird, werden wir schauen von Angesicht zu Angesicht, denn die Vollendung ist in der Wirklichkeit.«[3] Folgerichtig unterschieden dieselben Väter dreierlei Pascha: das Pascha des Gesetzes, das des Evangeliums und »jenes dritte Pascha, das sich erfüllen wird unter Myriaden von Engeln im vollkommensten Fest und im glückseligsten Exodus zum Himmel«[4]. Die Vorstellung vom »himmlischen Pascha« hatte Jesus selbst vorbereitet, als er bei der Einsetzung von einem geheimnisvollen neuen Pascha gesprochen hatte, das sich »im Reich Gottes« erfüllen werde (vgl. Lk 22,16).

2. Die Eucharistie bildet die Pfarrei

Die Eucharistie drängt uns also, eschatologisch zu leben, als Pilger, die den Blick und das Herz nach oben gerichtet haben. In den vorangegangenen Meditationen habe ich gezeigt, wie die Eucharistie die Kirche bildet; nun, in dieser letzten Meditation, möchte ich zeigen, wie die Eucharistie die Pfarrei bildet.

Was ist eine Pfarrei? Es war auch für mich überraschend zu entdecken, daß in der Bibel lang und breit von »Pfarrei« und von »Pfarrern« die Rede ist. Diese Begriffe nämlich kommen von *paraoikeo*, einem Wort, das sowohl im Alten wie auch im griechischen Neuen Testament recht häufig vorkommt. Um zu erfahren, was eine Pfarrei ist, oder was genau sie sein sollte, müssen wir also die Bibel befragen.

In der Apostelgeschichte lesen wir, daß Israel »in der Fremde« war, »in Ägypten« (Apg 13,17); doch das Wort, das in den modernen Übersetzungen »Fremde« heißt, lautet im griechischen Original *paroikia* – »Pfarrei«. An anderer Stelle heißt es, daß Abraham aufgrund des Glaubens sein ganzes Leben lang als »Pfarrer« lebte, das heißt – so wird es übersetzt – als Pilger und Fremder (vgl. Gen 15,13; Hebr 11,9). Doch kommen wir nun zu den Christen, also zum neuen Israel. Im ersten Petrusbrief lesen wir: *Führt auch, solange ihr in der Fremde seid, ein Leben in Gottesfurcht* (1 Petr 1, 17); wörtlich: »da ihr Pfarrer seid«.

Was sollen diese merkwürdigen Aussagen bedeuten, und was bedeuten die Worte *paroikia* und *par-*

oikos? Das ist ganz einfach: *para* ist ein Adverb und bedeutet daneben; *oikia* ist ein Substantiv und bedeutet Wohnung; also: daneben wohnen, in der Nähe, nicht darinnen, aber am Rand. Daraus entwickelt sich der Ausdruck zur Bezeichnung für jemanden, der für kurze Zeit an einem Ort wohnt, der auf der Durchreise ist oder auch aus seiner Heimat verbannt; *paroikia* also meint ein *vorläufiges* Wohnen. Zu dieser Bedeutung der Vorläufigkeit kommt die der *Unsicherheit.* Wer nämlich in einer Stadt zu Gast ist, genießt nicht alle Rechte eines wirklichen Bürgers; deshalb bezeichnet *paroikos* auch den Fremden im Unterschied zum Bürger mit vollem Bürgerrecht. Wenn ein Krieg ausbricht zwischen der Stadt, aus der er stammt, und der, die ihn beherbergt, dann muß der Fremde wissen, daß er mit ziemlicher Sicherheit zwischen die Fronten gerät, wenn er nicht seine Heimatstadt verleugnen will.

Warum also wird das christliche Leben in der Bibel als ein Leben von »Pfarrern« und in der »Pfarrei«, also als ein Leben von Pilgern und Fremden bezeichnet? Die Antwort ist ganz klar: weil sie »in« der Welt sind, aber nicht »von« der Welt (vgl. Joh 17,10.16); weil ihre wirkliche Heimat im Himmel ist, von wo sie den Herrn Jesus Christus als Retter erwarten (vgl. Phil 3,20); weil sie auf Erden keine feste Wohnstatt haben, sondern unterwegs sind zu ihrer künftigen (vgl. Hebr 13,14). In diesem eigentlichen und ursprünglichen Sinn ist die gesamte Kirche nichts anderes als eine einzige große »Pfarrei«. Das war zu Beginn das grundlegende Selbstverständnis der christlichen Gemeinschaft. Es drückt sich beispielsweise in den Briefen aus, die die

Urgemeinden einander schrieben. Der berühmte Brief des heiligen Papstes Clemens an die Kirche von Korinth begann so: »Die Kirche Gottes, die als Fremde in Rom lebt (wörtlich: die in Pfarrei ist), an die Kirche Gottes, die als Fremde in Korinth lebt«[5]. Als sie den Brüdern in einer anderen Stadt vom Martyrium des heiligen Bischofs Polykarp berichteten, schrieben die Christen von Smyrna: »Die Kirche Gottes, die als Fremde in Smyrna lebt (*paroikousa*: die in Pfarrei ist), an die Kirche Gottes, die als Fremde in Philomelos lebt«[6]. Der Brief an Diognet, ebenfalls ein uraltes schriftliches Zeugnis, definiert den Christen als einen Menschen, »der in der Heimat wohnt, doch als Fremder (*paroikos!*), der wie ein Bürger an allem teilnimmt, aber alles wie ein Pilger erträgt, für den jede Fremde Heimat und jede Heimat Fremde ist«[7].

Das erinnert mich an etwas: in der heutigen Diplomatensprache ist der Vatikan als »ausländischer Staat« definiert und der Papst als »Oberhaupt eines ausländischen Staates«. Das hat für »Außenstehende« eine bestimmte Bedeutung, für uns Gläubige aber sollte darin etwas anderes, etwas weitaus Grundlegenderes ausgesagt sein. Ja, der Vatikan als Vertreter und Zentrum der katholischen Kirche ist ein »ausländischer« Staat, aber nicht nur in bezug auf das Land Italien, in dem er liegt, sondern in bezug auf die ganze Welt. Denn er ist der Staat des Volkes, das Fremdling und Pilger in dieser Welt ist!

Doch es handelt sich dabei um eine ganz besondere »Fremdheit«. Andere Lehren haben dem Menschen die Empfindung der Weltfremdheit und Weltflucht eingeprägt. Wenn sie auch nicht dasselbe damit meinten, definierten doch beide, Platoniker und Gnostiker, den Menschen als »von Natur aus der Welt fremd«. Aber es gibt einen sehr großen Unterschied: für sie war die Welt ein Werk des Bösen, und deshalb rieten sie dazu, sich von jeglicher Verbindlichkeit ihr gegenüber fernzuhalten, sei es in der Ehe, in der Arbeit oder im Staat. Nichts dergleichen dagegen gilt für den Christen. Er ist ein Mensch, »der heiratet und Kinder zur Welt bringt«, einer, »der an allem teilnimmt«[8]. Sein Fremdsein ist eschatologisch, nicht ontologisch, das heißt, er fühlt sich fremd aus Berufung, nicht von Natur aus, als einer, der für eine andere Welt bestimmt ist, nicht als einer, der aus einer anderen Welt kommt. Das christliche Empfinden des Fremdseins liegt in der Auferstehung Christi begründet: »Wenn ihr mit Christus auferstanden seid, sucht, was droben ist«. Es schließt deshalb die Schöpfung und ihren grundsätzlich positiven Wert nicht aus.

Der Begriff Pfarrei ist in der Bibel durch den Begriff »Diaspora« oder Zerstreuung ergänzt: *Petrus, Apostel Jesu Christi, an die Auserwählten, die (...) in der Zerstreuung leben* (1 Petr 1,1). Diaspora bedeutet Aussaat: die Christen sind das Saatgut Gottes, das über die Welt ausgestreut wird, damit schließlich die ganze Welt ein Acker Gottes werde, der gute Frucht bringt. Es herrscht keine Feindschaft oder Verachtung gegenüber der Welt; auch sie ist von Gott, und Gott »liebt die Welt« und will »die Welt retten« (vgl. Joh 3,16; 12,47). Andererseits sollen die Christen auch »das Salz der Erde« sein; das aber gelingt ihnen nur, wenn sie zwar in der Welt aufgehen, doch ohne ihren »Geschmack«

zu verlieren, das heißt ihre Andersartigkeit in bezug auf die Welt; wenn sie einen Keim von Ewigkeit und Unverdorbenheit in diese unsere Welt hineinlegen können, die ganz und gar im Zeitlichen und in der Korruption verfangen ist. Mit anderen Worten: die Christen sind »Salz der Erde«, solange sie als Pilger und Fremde in dieser Welt leben.

Es heißt, die christliche Weisheit bestehe in einer Ausgewogenheit zwischen Transzendenz und Immanenz. Dieses Gleichgewicht stellt man sich häufig wie eine Art von Dosierung vor: ein wenig Transzendenz und dazu ein wenig Immanenz, etwas Aufmerksamkeit für die »andere« Welt und etwas Aufmerksamkeit für »diese« Welt, ohne jedoch zu übertreiben, weder in der einen, noch in der anderen Richtung. Das aber ist eine menschliche und diesseitige Art der Argumentation. Eine Ausgewogenheit in den Angelegenheiten Gottes besteht niemals darin, die Gegensätze richtig zu dosieren, sondern darin, daß diese Gegensätze gleichzeitig und mit all ihrer Kraft vorhanden sind; man muß »übertreiben«, man muß in der einen wie in der anderen Richtung bis zum Äußersten gehen. Daraus entsteht »die paradoxe und, wie alle sagen, wunderbare Lebensweise der Christen«[9]. Das österliche Geheimnis besteht nicht darin, ein wenig vom Kreuz und ein wenig von der Auferstehung zu predigen, sondern darin, das Kreuz bis auf den Grund zu erleben, um sodann die Auferstehung voll und ganz auszukosten. Also besteht die christliche Weisheit darin, sich dieser Welt zu bedienen, als würde sie morgen vergehen, und für diese Welt zu arbeiten, als würde sie niemals untergehen.

3. »Seht, der Bräutigam kommt!«

Allmählich begreifen wir, wie und warum die Eucharistie die Pfarrei bildet. Sie bildet die Pfarrei, weil sie die Christen, »die Hüften gegürtet, Schuhe an den Füßen, den Stab in der Hand«, in einem Zustand des ständigen Exodus hält; weil sie durch ihren täglichen Mahnruf in der Messe verhindert, daß die Kirche es sich bequem macht und eine »niedergelassene«, eine seßhafte Kirche wird, eine in den Schlaf gesunkene Kirche. Das ist die Art von Pfarrei, derer die Welt bedarf: kein Ort, an dem sich alle Dienstleistungen, Aktivitäten und Unterhaltungsangebote befinden, die die Welt selber hervorbringt und verbreitet (und von denen sie selbst ermüdet und enttäuscht ist), sondern ein Ort der Pilgerschaft und der Freude. Ein Ort, an dem man die Gegenwart des Geistes erfährt und wo derjenige, der ihn zum ersten Mal besucht, zugeben muß, daß da etwas anderes ist, und wie die, die zum ersten Mal in eine Gemeinschaft der Urchristen kamen, ausruft: *Wahrhaftig, Gott ist bei euch!* (1 Kor 14,25).

Leider ist im Laufe der Zeit vieles von der ursprünglichen Bedeutung der Pfarrei verlorengegangen, so daß wir sie, wenn wir heute in der Bibel lesen, gar nicht mehr darin wiedererkennen können. Das Wort Pfarrei bedeutet nur mehr einen Teil oder einen Verwaltungsdistrikt der örtlichen Kirche. »Pfarrer«, eine Bezeichnung, die ursprünglich für jeden Christen galt, wurde, wie es scheint, mit einem anderen, ähnlich lautenden Wort verbunden (*parochos*, der für bestimmte Dienstleistungen an

Durchreisenden Zuständige) und bezeichnete schließlich den Verantwortlichen oder den Verwalter einer Pfarrei, ohne noch in irgendeiner Weise auf die Vorstellung des Pilgers oder des Fremden zu verweisen.

In Zeiten, die weniger weit zurückliegen, hat die Wiederentdeckung der Rolle und Aufgabe der Christen in der Welt dazu beigetragen, das Bewußtsein von der eschatologischen Bedeutung des christlichen Lebens noch weiter zu trüben. Wie die törichten Jungfrauen, so haben auch wir gedacht, daß die Nacht zum Schlafen geschaffen sei. Es ist genau dasselbe geschehen wie im Gleichnis: *Als nun der Bräutigam lange nicht kam, wurden sie alle müde und schliefen ein* (Mt 25,5).

Da aber dringt in diesen tiefen Schlaf, in den die Welt gesunken ist, ein Schrei: »Ihr klugen Jungfrauen, zündet eure Lampen an: seht, der Bräutigam kommt!« So, wie früher die Wachtposten von einem Turm zum nächsten mit Signalen die Kunde von der Ankunft des Königs weitergaben, so muß auch heute dieser Schrei wie ein Schauder durch die ganze Kirche laufen. Der Bräutigam kommt! Er kommt! Er hat es gesagt, und er wird es tun. »Sein Kommen ist so sicher wie die Morgenröte.« Der Herr hat mir einen Schrei in mein Herz gesenkt, den ich nicht zurückhalten kann; ich spüre, wie er in mir Gestalt annimmt und mich mit sich reißt wie ein Strudel. Wohin ich in letzter Zeit auch gehe, um zu predigen, ich muß mit lauter Stimme schreien: Brüder, es ist Zeit, aus dem Schlaf zu erwachen! *Das Ende aller Dinge ist nahe* (1 Petr 4,7); *seht, der Richter steht schon vor der Tür* (Jak 5,9). In meinem Innern wiederhole ich die Worte des Psalms des Exils und sage: Die Zunge soll mir am Gaumen kleben, wenn ich an dich nicht mehr denke, wenn ich dich je vergesse, Jerusalem, wenn ich das himmlische Jerusalem nicht zu meiner höchsten Freude erhebe in meinem Denken und in meiner Verkündigung (vgl. Ps 137,6ff.).

Es ist sehr leicht, sich hinter dem Vorwand zu verschanzen: »Aber das ist doch eine apokalyptische Verkündigung, eine Weltuntergangspredigt!« Nein, das ist keine apokalyptische, es ist eine eschatologische oder ganz einfach eine christliche Verkündigung. Der Unterschied ist folgender: *für die apokalyptische Verkündigung* kommt es auf das »Wann« an, auf den Tag und die Stunde der Wiederkunft Christi, und immer wieder schießen zu bestimmten Zeiten die Weissagungen der falschen Propheten vom bevorstehenden Ende der Welt aus dem Boden, obwohl doch Jesus selbst all diese Spekulationen im Keim erstickt hat, als er sagte, daß niemand jenen Tag und jene Stunde kennt und daß es uns nicht zusteht, Zeiten und Fristen zu erfahren, die der Vater sich vorbehalten hat (vgl. Mt 24,36; Apg 1,7).

Für die eschatologische Verkündigung ist das, was zählt, »die Tatsache, daß« es geschehen wird, daß es ein Ende geben, daß »der Vorhang dieser Welt fallen wird«. Aber wird die Sache dadurch etwa weniger ernst, weniger dringend? Was für eine Dummheit, sich mit dem Gedanken zu trösten, daß ja doch niemand weiß, wann das Ende kommen wird! Als ob für mich nicht morgen oder in dieser Nacht schon alles zu Ende sein könnte! Das wäre für mich die Wiederkunft des Herrn, nicht mehr und nicht weniger. Jesus sagt in der Apokalypse: *Ich komme bald* (Offb 22,20), und er weiß, was er sagt!

Der heilige Bischof und Märtyrer Cyprian sagte den Christen in Karthago: »Geliebte Brüder, das Reich Gottes steht vor der Tür; der Preis des Lebens, die Freude des ewigen Heils, die ewige Glückseligkeit und der Besitz des Paradieses, das wir einst verloren haben, das alles wird kommen, wenn diese Welt vergeht; das Himmlische ist im Begriff, das Irdische abzulösen, das Große das Kleine, das Ewige das Vergängliche«[10]. Wer könnte behaupten, daß der heilige Cyprian sich oder seine Gemeinde an jenem Tag betrogen hätte, weil seither so viele Jahrhunderte vergangen sind und anscheinend nichts geschehen ist? Was er gesagt hat, ist für alle, die ihm zugehört haben, pünktlich eingetroffen, und selig sind die, die ihm wirklich zugehört haben!

Um die Ausdrucksweise der Bibel und der Väter in diesem Punkt zu verstehen, ist es wichtig, sich eine Tatsache bewußt zu machen. Wenn wir heute vom Ende der Welt sprechen, dann denken wir, wie es unserer modernen Kultur entspricht, an den endgültigen Weltuntergang, nach dem es nichts mehr geben kann als die Ewigkeit. Die Bibel aber denkt konkreter und in relativen Kategorien. Wenn sie vom Ende der Welt spricht, meint sie daher sehr häufig die tatsächlich bestehende Welt, so, wie eine bestimmte Gruppe von Menschen sie kennt: »ihre« Welt. Es handelt sich also mehr um das Ende »einer« Welt als um das Ende »der« Welt. Und so ist es also gar nicht wahr, daß alle Vorhersagen vom Ende der Welt durch die Tatsachen widerlegt worden wären. Jesus hatte gesagt: *Diese Generation wird nicht vergehen...* und die Tatsachen gaben ihm Recht: jene Generation war noch nicht vergangen, als »die jüdische Welt« mit der Zerstörung Jerusalems ein tragisches Ende nahm. Auch die römische Welt ging unter, als die Barbaren kamen. Die Väter, die bei der Plünderung Roms im Jahre 410 das Ende der Welt gekommen glaubten, täuschten sich im Grunde nicht: es war tatsächlich das Ende der einen und der Beginn einer anderen Welt. Mit der Französischen Revolution endete eine Welt, ebenso mit dem Anbruch der kommunistischen Ära in den Ländern des Ostens. Und wer sagt uns, daß nicht auch heute, bei uns, eine ganz bestimmte Welt, die wir uns aus Fortschritt und schweigender Rebellion gegen Gott selbst zusammengebastelt haben, kurz davor steht, in den Zuckungen des Todeskampfes – die solche Augenblicke des historischen Übergangs gemeinhin zu begleiten pflegen – ihr Ende zu finden? Das Wort Jesu hat nichts von seiner Kraft verloren: *Darum haltet auch ihr euch bereit! Denn der Menschensohn kommt zu einer Stunde, in der ihr es nicht erwartet* (Mt 24,44).

4. Erwartung und Einsatz

Hierin liegt die Quelle der christlichen Hoffnung: »Der Herr wird kommen« – wie es in einem Lied heißt – »die Mühsal hat ein Ende«. Der heilige

Paulus nennt sie sogar die »selige Hoffnung«: wir warten – sagt er – auf die selige Erfüllung unserer Hoffnung, auf das Erscheinen der Herrlichkeit unseres großen Gottes und Retters Christus Jesus (vgl. Tit 2,13). Dies ist die einzige große Wahrheit, die alles bewegt und auf die alle sich zubewegen; es ist die einzige wirklich wichtige Botschaft, die der Glaube der Welt zu übermitteln hat: Der Herr kommt! Versuchen wir einmal, uns das Leben, die Welt, ja selbst den Glauben ohne diese Gewißheit vorzustellen: alles wird trübe und sinnlos. Wenn wir nur für dieses Leben auf Christus hoffen, dann sind wir mehr zu beklagen als alle anderen Menschen (vgl. 1 Kor 15,19). Man erkennt alles, so sagten die Alten, an seinem Endziel (finis) (aber »finis« hieß bei ihnen sowohl »Ende« als auch »Endbestimmung«). Demnach kann man nicht einmal diese Welt wirklich kennen, wenn man nicht weiß, wo sie »enden« wird, wohin sie strebt. Man verharmlost die Geschichte und mißversteht sie, wenn man nicht erkennt, daß sie dem Herrn entgegengeht, der kommen wird.

Die Kraft der christlichen Verkündigung liegt in der Botschaft von der Wiederkunft des Herrn. Warum also sollten wir schweigen, warum sollten wir dieses Licht unter den Scheffel stellen, das in der Lage ist, die ganze Welt in Brand zu stecken? Ich glaube, daß jener Auftrag Gottes aus dem Buch des Propheten Jesaja an die ganze Kirche gerichtet ist: *Steig auf einen hohen Berg, Zion, du Botin der Freude! (...) Erhebe deine Stimme, fürchte dich nicht! Sag den Städten in Juda: Seht, da ist euer Gott. Seht, Gott, der Herr, kommt mit Macht* (Jes 40,9f.).

Wer das Ende der Welt nicht mehr verkündet, weil er fürchtet, die Leute zu beunruhigen, der macht auf breiterer Ebene denselben Fehler wie die Verwandten, die dem Angehörigen aus Angst, ihn zu erschrecken, nicht sagen, daß er im Sterben liegt; damit verhindern sie sicher nicht, daß er stirbt, aber sie verhindern, daß er einen guten Tod stirbt. »Aber was ist denn das für eine Liebe, unsere Liebe zu Christus«, so ruft der heilige Augustinus aus, »wenn wir uns davor fürchten, daß er kommt? Und wir schämen uns deswegen nicht, Brüder? Wir lieben ihn und haben Angst, daß er kommt? Aber lieben wir ihn denn dann wirklich? Oder lieben wir nicht vielleicht unsere Sünden mehr als Christus?«[11]

Es ist eine dringende Aufgabe, den Gläubigen die Vertrautheit, die Sehnsucht, das Gefühl für ihre himmlische Heimat und – warum nicht? – für das Paradies wiederzugeben. Diese Dinge sind ihnen nach und nach unbedacht von jenen Lehrern fortgenommen worden, die sich haben einschüchtern lassen von bestimmten atheistischen Ideologien, die, sobald von einem »Jenseits« die Rede ist, sofort an Entfremdung denken. Wenn sie im eigentlichen Sinne biblisch ist, dann hindert die Erwartung der Wiederkunft des Herrn uns nicht daran, uns für unsere Brüder einzusetzen, im Gegenteil: sie läutert diesen Einsatz. Sie »zeigt uns den rechten Weg durch diese vergängliche Welt und lenkt unseren Blick auf das Unvergängliche«, wie es in einem liturgischen Gebet des Advents heißt. Der heilige Paulus erinnert die Christen daran, daß die Zeit knapp ist, und schließt dann mit den Worten: »Deshalb wollen wir, solange wir noch Zeit haben, allen Menschen Gutes tun, besonders aber denen, die mit uns im Glauben verbunden sind!« (Gal 6,10). Jesus selbst hat uns gelehrt, daß wir in der Erwartung seiner Wiederkunft einander die Füße waschen sollen. Wenn unsere Eucharistie eschatologisch ist, dann ist auch unsere Eschatologie eucharistisch, das heißt, sie erfüllt sich in Dienst und Selbsthingabe bis zum Tod.

In der Erwartung der Wiederkunft des Herrn zu leben bedeutet aber nicht, sich einen frühzeitigen Tod zu wünschen. Das hat nichts mit eschatologischem Empfinden zu tun. Es gibt Menschen, die sehnen sich danach, ihren Leib bald zu verlassen, um bei Christus zu sein, andere, die gerne lange in diesem irdischen Leben bleiben, und schließlich solche, die mit dem Apostel selbst sagen möchten: *Wenn ich aber weiterleben soll, bedeutet das für mich fruchtbare Arbeit. Was soll ich wählen?* (Phil 1,22) – und das ist sicherlich die beste Einstellung. Jeder hat darin seine eigene Gabe. »Suchen, was droben ist« bedeutet vielmehr, seine ganze Existenz auf die Begegnung mit dem Herrn ausrichten, dieses Ereignis zum Anziehungspunkt und gleichsam zum Leuchtturm des eigenen Lebens machen. Das »Wann« ist auch hier zweitrangig und sollte getrost dem Willen Gottes überlassen werden.

5. »Zum Haus des Herrn wollen wir pilgern!«

Die Erwartung der Wiederkunft Christi hat also keinen negativen Beweggrund, den man als Überdruß an der Welt und am Leben bezeichnen könnte, sondern einen in höchstem Maße positiven, nämlich die Sehnsucht nach dem wahren Leben, in das Jesus uns mit seinem Kommen führen wird. Die Liturgie der Kirche hat den Tag der Begegnung seiner Heiligen mit dem Herrn immer als »Geburt« (*dies natalis*) bezeichnet. Jesus spricht von einem »Gebären« (vgl. Joh 16,21), und es wird so sein, als verließen wir den finsteren Uterus dieser sichtbaren Welt und führen auf zum Licht der vollkommenen Wahrheit.

Es handelt sich also nicht um eine Botschaft der Traurigkeit, geschweige denn der Angst, sondern der Freude und der Hoffnung. Im hebräischen Psalter gibt es eine Gruppe von Psalmen, die als »Wallfahrtslieder« oder »Lieder vom Zion« bezeichnet werden. Es sind die Psalmen, die die israelitischen Pilger sangen, wenn sie auf ihrer Wallfahrt »hinaufstiegen« zur heiligen Stadt Jerusalem. Einer von ihnen beginnt so: *Ich freute mich, als man mir sagte: »Zum Haus des Herrn wollen wir pilgern«* (Ps 122,1). Diese Wallfahrtslieder sind nunmehr die Lieder derjenigen geworden, die in der Kirche zum himmlischen Jerusalem unterwegs sind – es sind unsere Psalmen. Der heilige Augustinus hat diese Eingangsworte des Psalms kommentiert und seinen Zuhörern gesagt: »Erinnert euch, Brüder, was geschieht, wenn man dem Volk ein Märtyrerfest verkündet oder einen heiligen Ort festlegt, um sich an einem bestimmten Tag dort zu versammeln und das Fest zu feiern: wie alle Leute munter werden und sich gegenseitig auffordern: Laßt uns gehen, laßt uns gehen! Und wenn man sie fragt: Aber wohin gehen wir?, dann antworten sie: Dorthin, an jenen Ort, zu jenem Heiligtum! So sprechen sie zueinander, und indem sie sich sozusagen gegenseitig anzünden, bilden sie eine einzige Flamme, die bei dem einen entstanden ist, der sprach und das Feuer, von dem er brannte, den anderen mitteilte und sie alle an diesem heiligen Ort zuammenströmen ließ. Wenn also eine reine Liebe die Gläubigen zu einem irdischen Heiligtum zu führen vermag, um wieviel erhabener muß die Liebe sein, die das Herz dessen zum Himmel emporreißt, der, in Eintracht lebend, mit seinem Bruder die Worte wechseln kann: *Zum Haus des Herrn wollen wir pilgern!* Auf denn, laufen wir! Laßt uns laufen, weil wir zum Haus des Herrn ziehen; laßt uns laufen, weil dieser Lauf nicht ermüdet, weil wir an einem Ziel ankommen werden, wo es keine Müdigkeit gibt. Laufen wir zum Haus des Herrn, und unsere Seele möge sich freuen über die, die immer wieder diese Worte an uns richten. Sie haben vor uns die Heimat erblickt, und von ferne rufen sie uns, die wir ihnen folgen, zu: *Zum Haus des Herrn wollen wir pilgern!* Eilt, lauft! Die Apostel haben es gesehen und uns gesagt: Lauft, beeilt euch, kommt hinter uns her! *Zum Haus des Herrn wollen wir pilgern!*«[12]

An diesem Lauf beteiligt man sich nicht mit den Schritten des Leibes, sondern mit denen der Seele, mit den heiligen Sehnsüchten und den Werken des Lichts. Jesus ist uns vorausgegangen als der Anführer der großen Wallfahrt zu Gott, zum himmlischen Heiligtum. »Er hat uns den neuen und lebendigen Weg erschlossen durch den Vorhang hindurch, das heißt durch sein Fleisch« (Hebr 10,20).

Wir laufen auf schon markierten Pfaden; wir folgen »dem Duft seines Salböls«, dem Heiligen Geist.

Der Geist und die Braut sagen in jeder Eucharistie [zu Jesus]: *Komm!* (Offb 22,17). Und auch wir, die wir zugehört haben, wollen zu Jesus sagen: »Komm!«

Anmerkungen

ERSTES KAPITEL

1 Augustinus, *Sermones*, 112 (PL 38, 643).
2 Meliton von Sardes, *Über das Osterfest*, 31ff. (SCh 123, S. 76f.).
3 *Frühchristliche Predigt zum Osterfest*, 3 (SCh 27, S. 121).
4 Thomas v. Aquin, *Summa theologiae* III, q. 60, a. 2, 2.
5 Vgl. *Targum* zu Exodus 12, 42 (ed. R. Le Déaut, *La nuit pascale*, Rom 1963, S. 64f.).
6 Ephräm der Syrer, *Kreuzigungshymnen*, 3, 2 (ed. Th. I. Lamy, 1882, S. 656).
7 Meliton von Sardes, *Über das Osterfest*, 2 f. (SCh 123, S. 60f.).
8 G. von Rad, *Theologie des Alten Testaments*, II, München 1962, 3. Auflage, S. 109.
9 Ephräm der Syrer, *Kommentar zum Diatessaron*, 9, 4 (SCh 121, S. 333).
10 Ephräm der Syrer, *Kreuzigungshymnen*, 3, 1 (ed. Th. I. Lamy, 1882, S. 655).
11 Vgl. Augustinus, *Sermones*, 220 (PL 38, 1089).
12 Vgl. Paul VI., *Mysterium fidei* (AAS 57, 1965, S. 753f.).
13 *Pesachim*, X, 5.

ZWEITES KAPITEL

1 Augustinus, *Sermones*, 272 (PL 38, 1247).
2 Augustinus, *De civitate Dei*, X, 6 (CCL 47, 279).
3 Augustinus, *Confessiones*, X, 43, 69.
4 Gregor von Nazianz, *Orationes*, 2, 95 (PG 35, 497).
5 Ignatius von Antiochien, *Epistula ad Romanos*, 4, 1 (ed. K. Bihlmeyer – W. Schneemelcher, *Die Apostolischen Väter*, Tübingen 1956, S. 98).
6 Ignatius von Antiochien, *Epistula ad Trallianos*, 4, 1 (Bihlmeyer – Schneemelcher, S. 94).
7 Franz von Assisi, *Brief an den gesamten Orden*, 28 (*Die Schriften des hl. Franziskus von Assisi*, Werl/Westf. 1980, 6. Auflage, S. 92).
8 *Nachfolge Christi*, IV, 8.
9 *Nachfolge Christi*, IV, 9.
10 *Eucharistiefeier, Drittes Hochgebet.*

DRITTES KAPITEL

1 Leo der Große, *Sermo 12 über die Passion*, 7 (CCL 138A, S. 388).
2 Vgl. Augustinus, *Confessiones*, VII, 10.
3 Vgl. Kabasilas, *Leben in Christus*, IV, 3 (PG 150, 597).
4 Ignatius von Antiochien, *Epistula ad Ephesios*, 20, 2 (Bihlmeyer – Schneemelcher, S. 88).
5 Cyrill von Jerusalem, *Catecheses mystagogicae*, 4, 3 (PG 33, 1100).
6 Vgl. Basilius von Cäsarea, *Liber de Spiritu Sancto*, 19, 49 (PG 32, 157A).
7 Irenäus, *Adversus Haereses*, III, 24, 1.
8 H. Mühlen, *Una mystica Persona*, § 11. 75ff., Paderborn 1967.
9 Kabasilas, *Leben in Christus*, IV, 3 (PG 150, 593).
10 Ambrosius, *De sacramentis*, V, 17 (PL 16, 449f.).
11 Vgl. Thomas von Aquin, *Summa theologiae*, I-II, q. 28, a. 1; III, q. 78, a. 3.
12 Hilarius v. Poitiers, *De Trinitate*, VIII, 13-16 (PL 10, 246ff.).
13 Veronica Giuliani, *Tagebuch*, 30. Mai 1715 (ed. Città di Castello, Bd. 3, 1973, S. 928).
14 Franz von Assisi, *Ermahnungen*, I (*Die Schriften*, S. 100).
15 Franz von Assisi, *Brief an den gesamten Orden*, 21-29 (*Die Schriften*, S. 91f.).
16 *Didache XII Apostolorum*, 10.
17 Johannes Chrysostomus, *Homiliae in Ioannem*, 46, 4 (PG 59, 261); *De sacerdotio*, 3, 4 (PG 48, 642).
18 Johannes Chrysostomus, *Taufkatechesen*, 3, 12 (SCh 50, S. 158).
19 Augustinus, *Sermones*, Denis 6 (PL 46, 834f.).
20 II. Vatikanisches Konzil, Dogmatische Konstitution über die Kirche *Lumen gentium*, 11.

VIERTES KAPITEL

1 Augustinus, *Sermones*, Denis 3, 3 (*Miscellanea Agostiniana* I, S. 19).
2 Johannes Chrysostomus, *Taufkatechesen*, 3, 12. 16 (SCh 50, S. 158f.).
3 Cyrill von Jerusalem, *Catecheses mystagogicae*, 5, 22 (PG 33, 1125).
4 Vgl. Augustinus, *Enarratio in Psalmos* 101, 8 (PL 36, 1299).

5 Papst Gelasius, *Canones*, PL 59, 141.
6 Vgl. Thomas von Aquin, *Summa theologiae*, III, q. 76, a. 2.
7 Vgl. Thomas von Aquin, *Summa theologiae*, III, q. 76, a. 2; q. 80, a. 12, Sed contra.
8 Thomas von Aquin, *Summa theologiae*, III, q. 80, a. 12.
9 Thomas von Aquin, *Summa theologiae*, III, q. 76, a. 2.
10 Vgl. H. Denzinger – A. Schönmetzer, *Enchiridion symbolorum definitionum et declarationum de rebus fidei et morum* 1726-1734.
11 Konstitution über die heilige Liturgie *Sacrosanctum Concilium*, 55.
12 *Eucharisticum mysterium*, 32 (AAS 59, 1967, S. 558).
13 Ignatius von Antiochien, *Epistula ad Romanos*, 7, 3 (Bihlmeyer – Schneemelcher, S. 100f.).
14 *Frühchristliche Predigt zum Osterfest*, 38 (SCh 27, S. 159).
15 Ambrosius, *De sacramentis*, 4, 20.
16 Cyprian von Karthago, *Epistulae*, 63, 11 (PL 4, 394).
17 Paul Claudel, *Le Précieux Sang*, In: *Œuvre poétique*, Paris 1967, S. 541.
18 Cyrill von Jerusalem, *Catecheses mystagogicae*, 4, 3 (PG 33, 1100).
19 Bernhard von Clairvaux, *De errore Abelardi*, 8, 21 (PL 182, 1070).
20 Kabasilas, *Leben in Christus*, III, 3 (PG 150, 580).
21 Katharina von Siena, *Briefe*, 102.
22 Vgl. Johannes Chrysostomus, *Taufkatechesen*, 3, 15 (SCh 50, S. 160).
23 Ambrosius, *De sacramentis*, IV, 28.
24 *Predigt zum Osterfest*, 3. Jahrhundert (SCh 36, S. 83).
25 *Frühchristliche Predigt zum Osterfest*, 8 (SCh 27, S. 133f.).
26 Ephräm der Syrer, *Sermo in hebdomada sancta*, 2, 627 (CSCO 413, S. 41).
27 Ambrosius, *De mysteriis*, 8, 48.
28 Hymnus *Adoro te devote.*

FÜNFTES KAPITEL

1 Gregor von Nyssa, *Vom vollkommenen Ideal des Christen* (PG 46, 283f.).
2 Vgl. II. Vatikanisches Konzil, Dogmatische Konstitution über die Kirche *Lumen Gentium*, 39-40.
3 Vgl. Augustinus, *De sancta virginitate*, 3 (PL 40, 398).
4 *Erstes Eucharistisches Hochgebet* (römischer Kanon).
5 Hymnus *Iesu dulcis memoria.*

6 Augustinus, *Confessiones*, X, 8. 17. 24.
7 Basilius, *De baptismo*, I, 3 (PG 31, 1576).
8 Kabasilas, *Leben in Christus*, VI, 4 (PG 150, 653).
9 *Anmerkung zum Brevier des heiligen Franziskus* (ed. L. Lemmens; *Testimonia Minora*, Quaracchi 1926, S. 61).
10 Vgl. M. Thurian, *Le mystère de l'Eucharistie*, Presse de Taizé 1981, S. 62f.

SECHSTES KAPITEL

1 Bernhard von Clairvaux, *Laudes Virginis*, I, 8.
2 Tertullian, *De baptismo*, 1 (CCL 1, S. 227).
3 Alessandro Manzoni, *Die Verlobten*, Kap. 38.
4 Gregor der Große, *Homiliae de evangeliis*, 17, 3. 14 (PL 76, 1139ff.).
5 Augustinus, *Sermones*, 304, 1 (PL 38, 1395).
6 Vgl. *Leben Pascals*, verfaßt von seiner Schwester Gilberte.
7 Leo der Große, *Sermones*, 74, 2 (PL 54, 398).
8 Johannes Chrysostomus, *Homiliae*, 50, 3-4 (PG 58, 508f.).

SIEBTES KAPITEL

1 Vgl. Thomas von Aquin, *Summa theologiae*, III, q. 60, a. 3.
2 Antiphon *O sacrum convivium.*
3 Ambrosius, *De sacramentis*, IV, 14-16 (PL 16, 439ff.).
4 Vgl. Denzinger – Schönmetzer, *Enchiridion Symbolorum*, 690.
5 Vgl. Thomas von Aquin, *Summa theologiae*, III, q. 75, a. 4.
6 Theodoros von Mopsuestia, *Katechetische Predigten*, XVI, 11f. (ed. R. Tonneau, »Studi e Testi«, 145, Città del Vaticano 1949, S. 551f.).
7 Vgl. *Das Marburger Gespräch*, 1529 (*Luthers Werke*, Weimarer Ausgabe, 30, 3, S. 110, 15ff.).
8 Gregor von Nyssa, *Homiliae in Canticum*, XI, 5, 2 (PG 44, 1001).
9 R. Martin (Hrsg.), *The Spirit and the Church*, New York 1976, S. 16.
10 Franz von Assisi, *Brief an die Kleriker*, (*Die Schriften*, S. 70f.).
11 Franz von Assisi, *Das Testament*, 10 (*Die Schriften*, S. 213).
12 Augustinus, *Confessiones*, X, 27.

ACHTES KAPITEL

1 Hieronymus, *In Evangelium Matthaei*, IV, 25, 6 (CCL 77, S. 236f.).
2 Augustinus, *Sermones*, Denis 6 (PL 46, 834f.).
3 Ambrosius, *De officiis ministrorum*, I, 48 (PL 16, 94).
4 Origenes, *In Ioannem*, X, 111 (GCS, 1903, S. 189).
5 *Der Klemensbrief*, Anschrift (Bihlmeyer – Schneemelcher, S. 35).
6 *Martyrium Polykarps*, Anschrift (Bihlmeyer – Schneemelcher, S. 120).
7 *Diognetbrief*, V, 5 (Bihlmeyer – Schneemelcher, S. 144).
8 *Diognetbrief*, V, 5-6 (Bihlmeyer – Schneemelcher, S. 144).
9 *Diognetbrief*, V, 4 (Bihlmeyer – Schneemelcher, S. 144).
10 Cyprian von Karthago, *De mortalitate*, 2 (CCL 3A, S. 17f.).
11 Augustinus, *Enarratio in Psalmos*, 95 [96], 14 (CCL 39, S. 1352).
12 Augustinus, *Enarratio in Psalmos*, 121 [122], 2 (CCL 40, S. 1802).

Raniero Cantalamessa

Maria
ein Spiegel für die Kirche

312 Seiten, Broschur

Im Neuen Testament ist nicht oft von Maria die Rede. In den entscheidenden Augenblicken der Erlösung indessen ist Maria zugegen: bei der Menschwerdung, beim Ostergeschehen und an Pfingsten. Im Blick auf Maria möchte dieses Buch einen Weg der Erneuerung in Christus weisen.
Ausgehend von der Heiligen Schrift, enthält jedes Kapitel des Buches eine theologische Reflexion über Maria und versucht dabei gleichzeitig, sie auf die Kirche zu übertragen und für das Glaubensleben des einzelnen fruchtbar zu machen.
Das Buch eignet sich gleicherweise für die persönliche geistliche Lektüre, für Exerzitien, Besinnungstage, geistliche Einkehr wie auch als Handreichung für die Predigt über Maria. Und dies ganz besonders unter ökumenischen Vorzeichen; denn das Buch wurde den protestantischen Brüdern gewidmet in der stillen Hoffnung geschrieben, daß Maria, die einmal Anstoß zur Trennung war, zum Grund der Einheit und Versöhnung unter allen Christgläubigen werden kann sie, das mächtige Zeichen innerhalb jener jungen Kirche, die, um Maria versammelt, »einmütig im Gebet« auf das Kommen des Heiligen Geistes wartete.

»Das Buch ist nicht nur Ausdruck einer anregenden Zusammenschau von Biblischem Fundament, Theologie, Marienglaube und geistlichem Leben. Es ist auf jeder Seite das Zeugnis einer großen Liebe zu Maria-Kirche.« *Regnum*

»Sehr zu empfehlen für die geistliche Lesung das mit Verstand und Herz geschriebene Buch des Kapuziners Raniero Cantalamessa.« *Klerusblatt*